T0166249

1

1

1

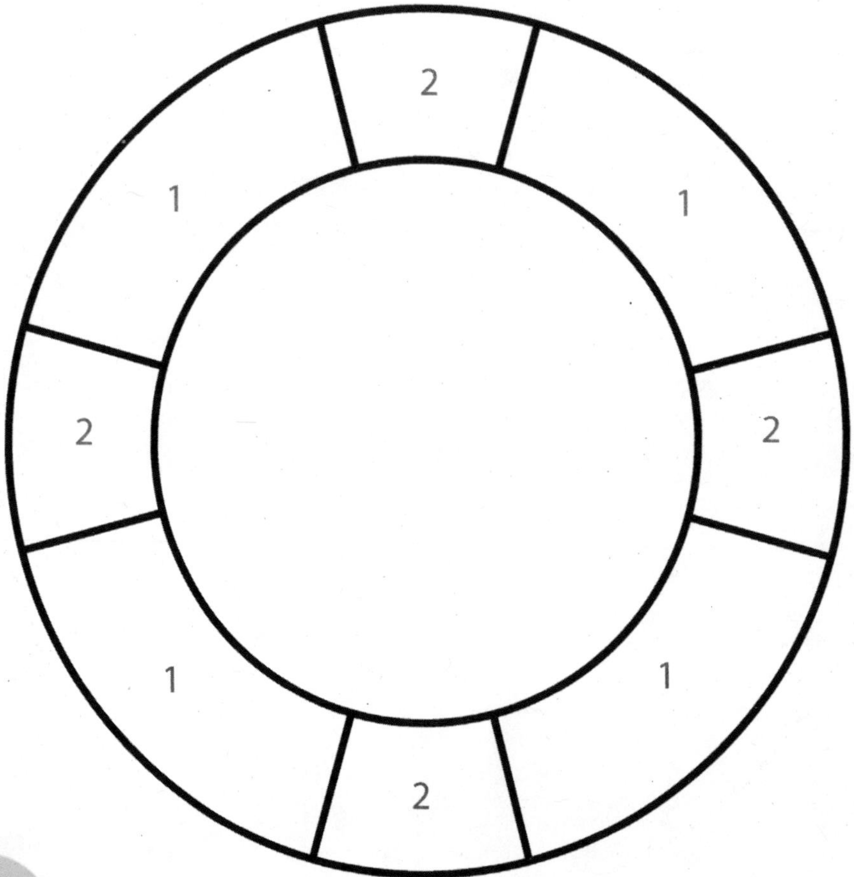

1 2

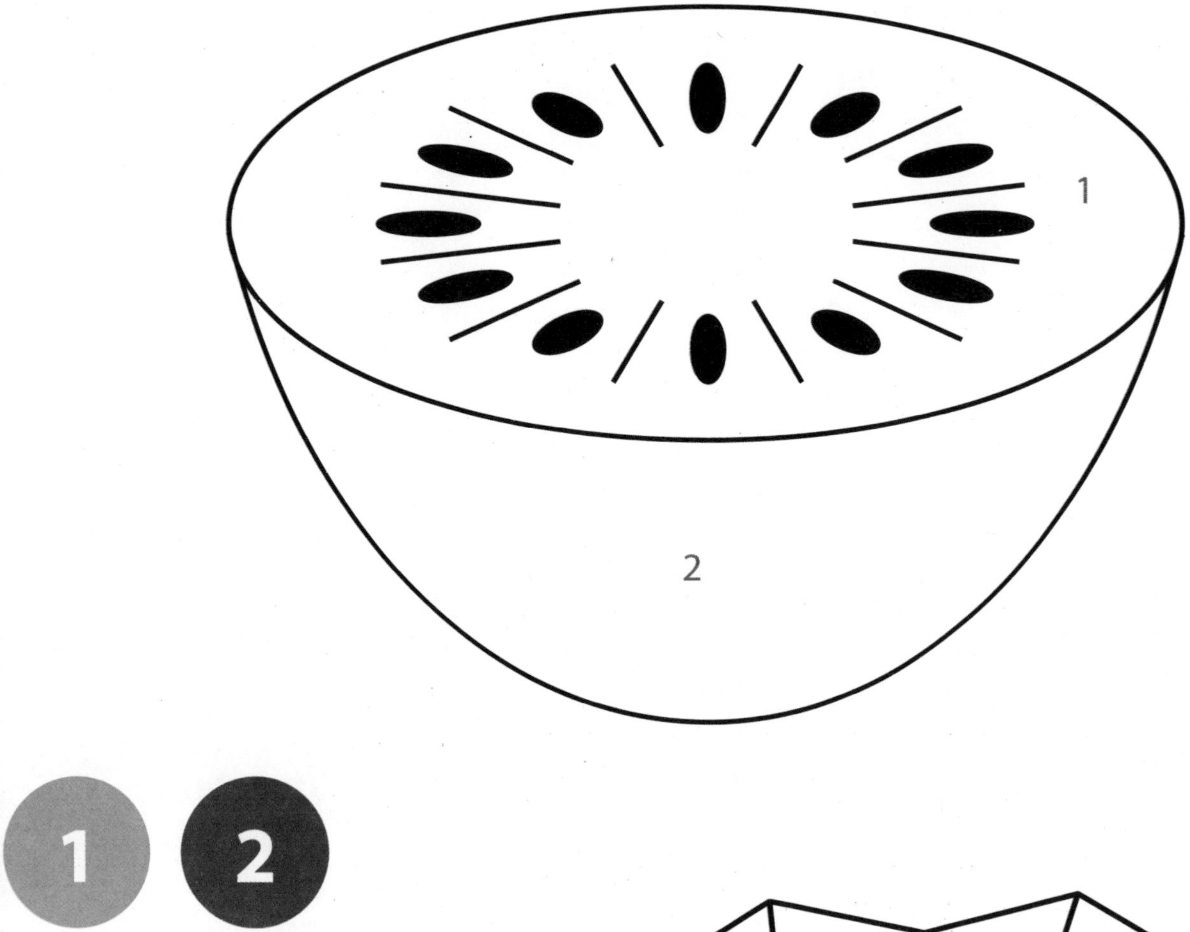
1
2
1
2

1
2
2
1
1
2
2
1
2
2
1
1
2
1
2

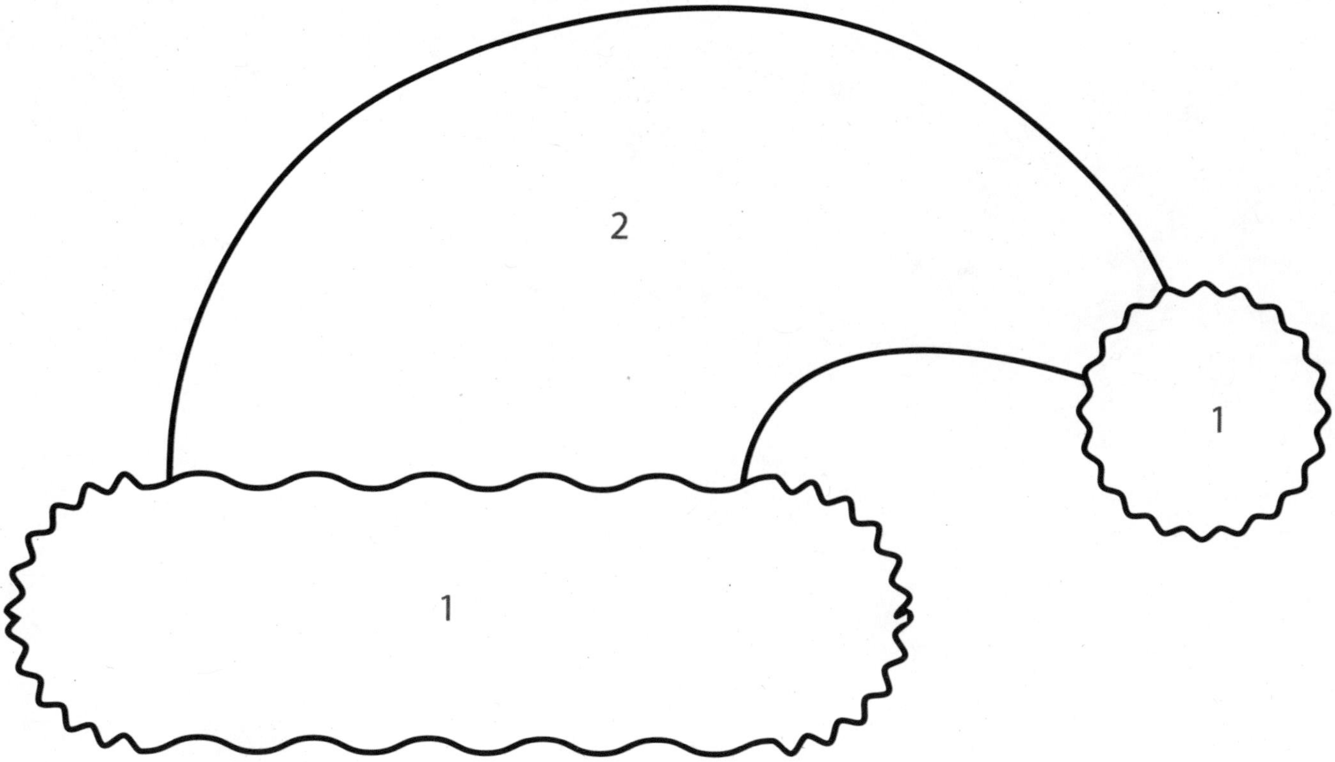

1 2

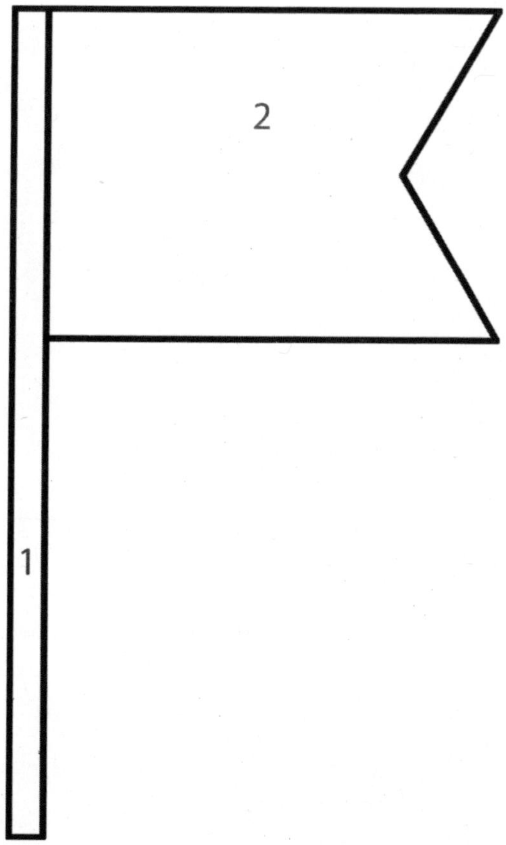

1 2

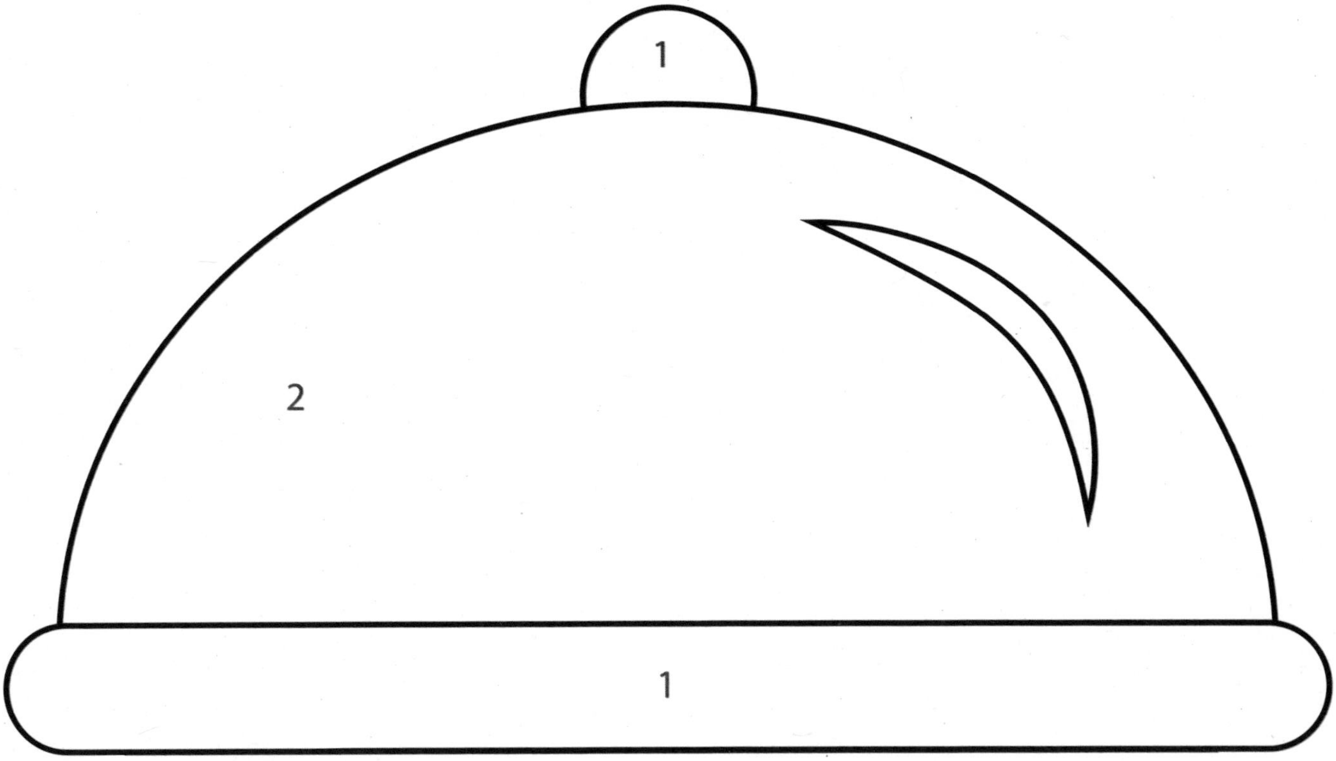

1 2

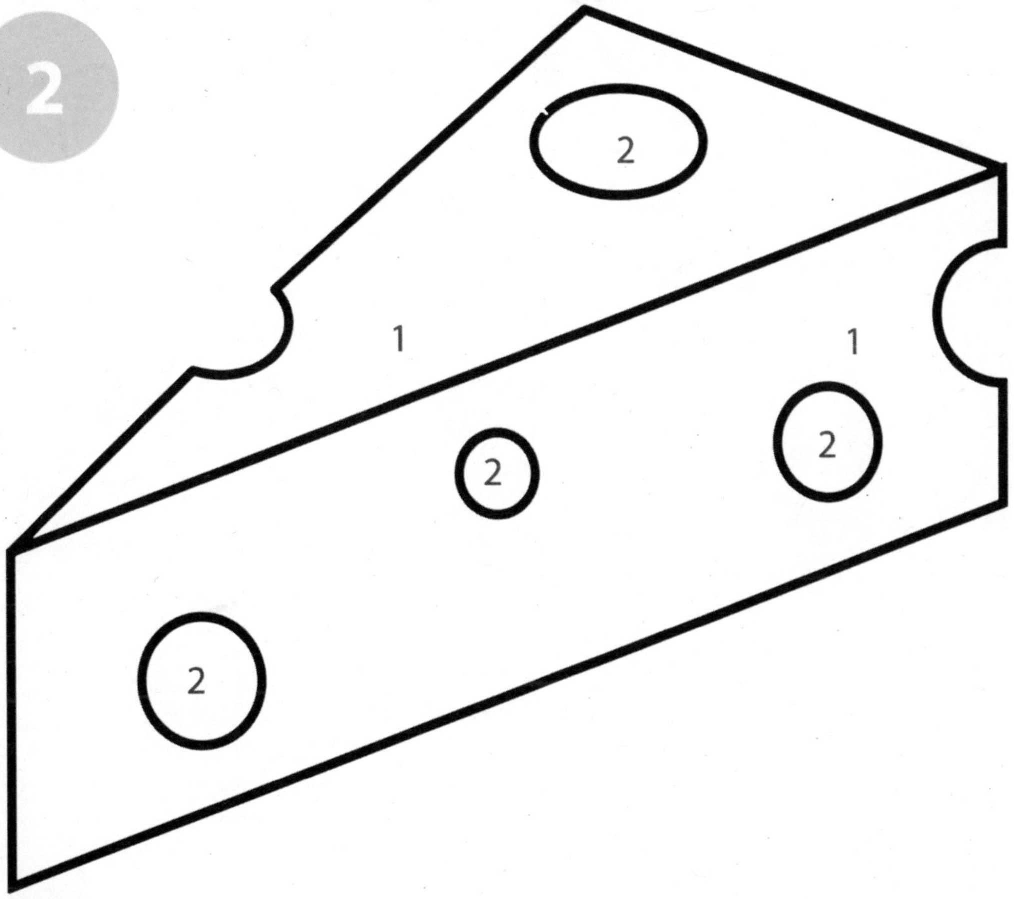

1 2

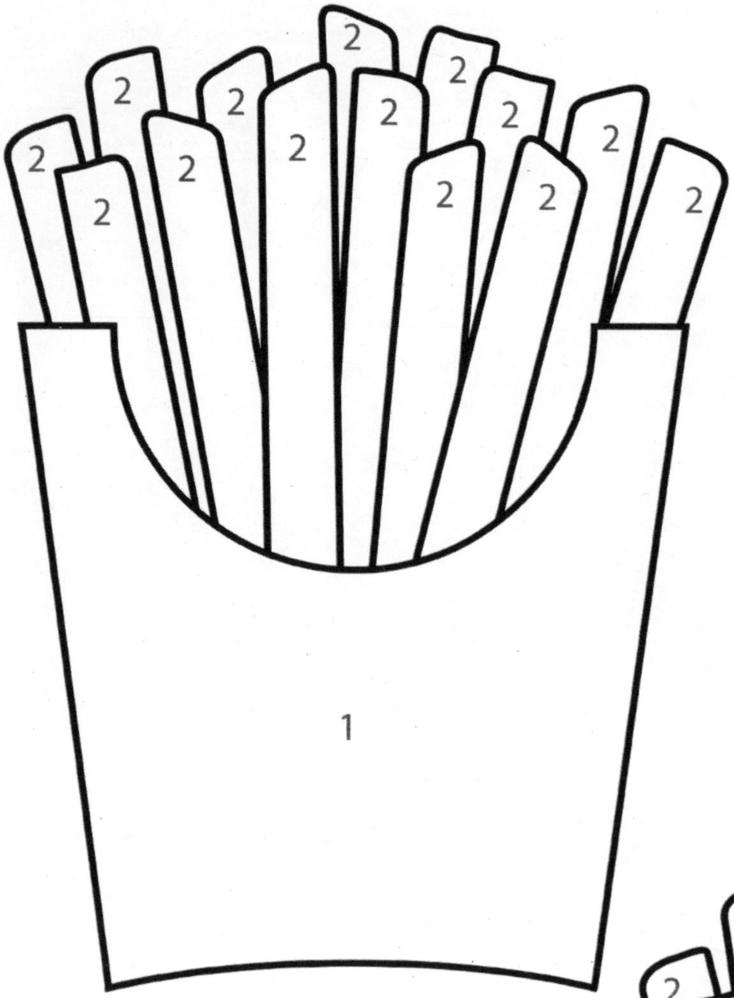

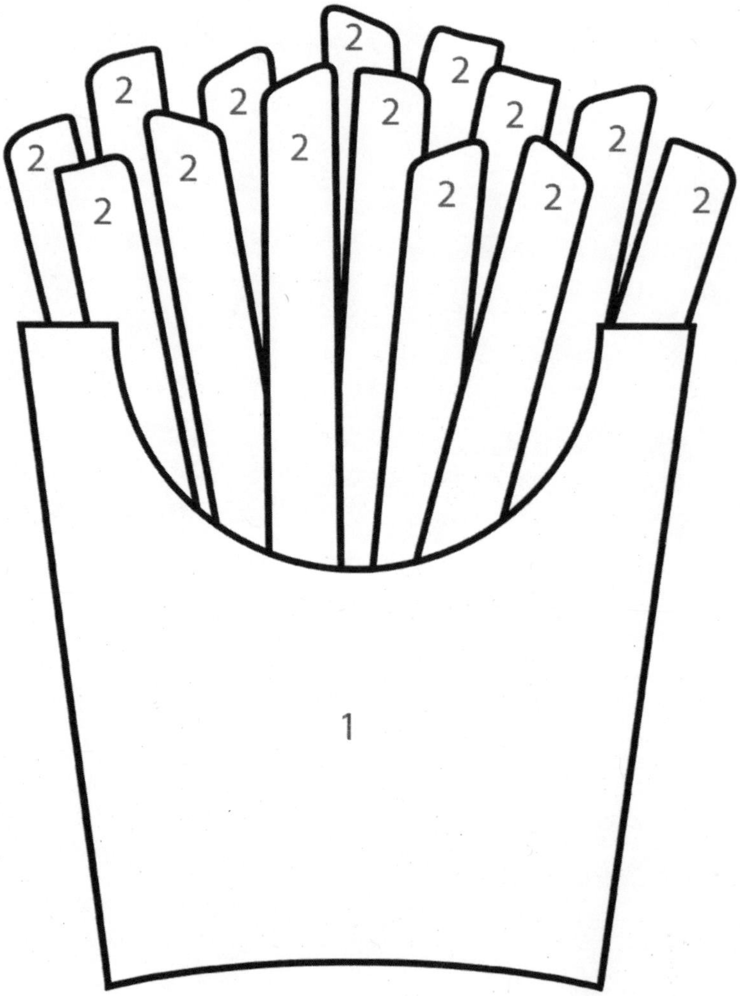

1 2

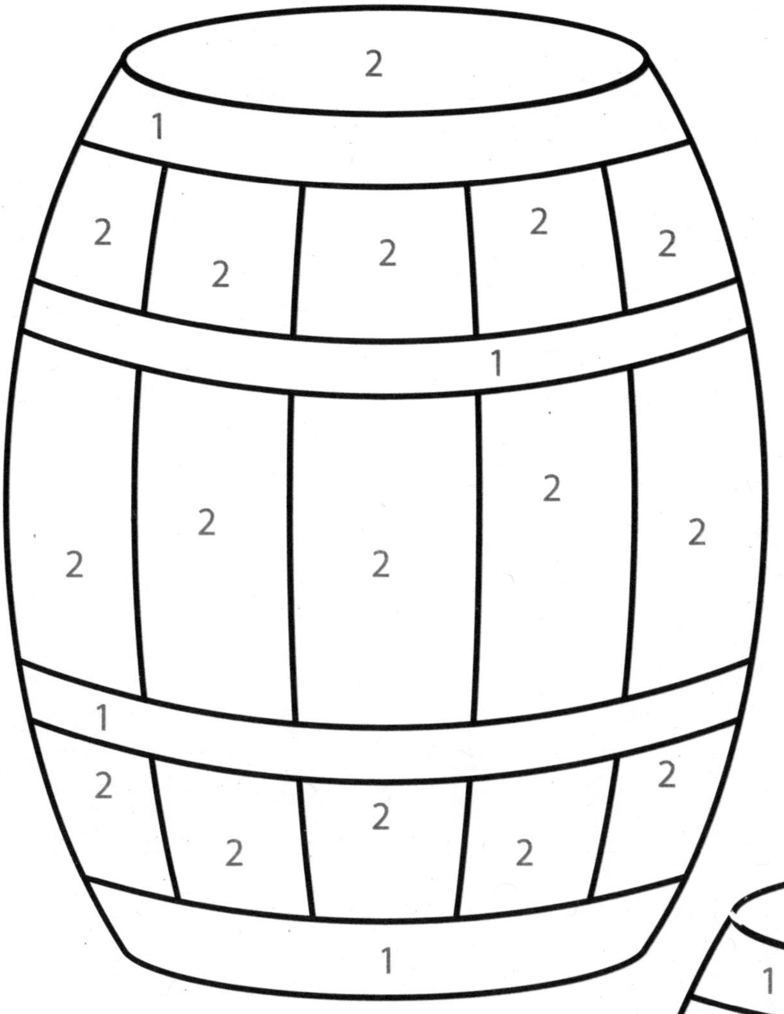
2
1
2 2 2 2 2
1
2 2 2 2 2
1
2 2 2 2 2
1

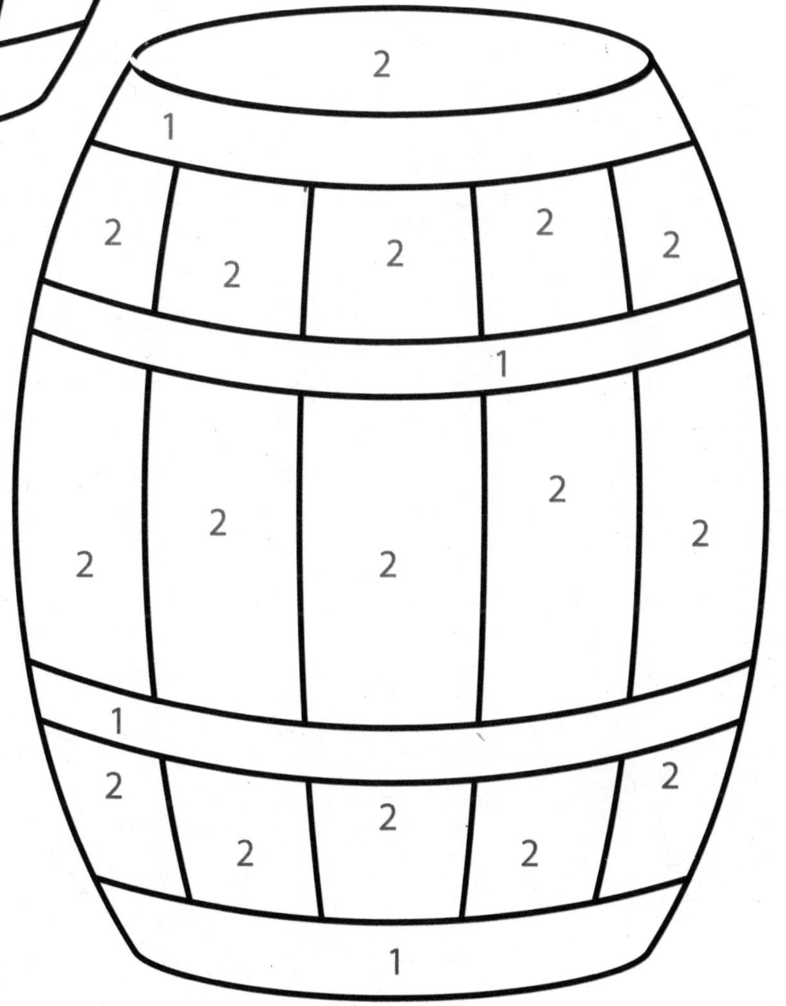
2
1
2 2 2 2 2
1
2 2 2 2 2
1
2 2 2 2 2
1

1
2

1 2

1 2

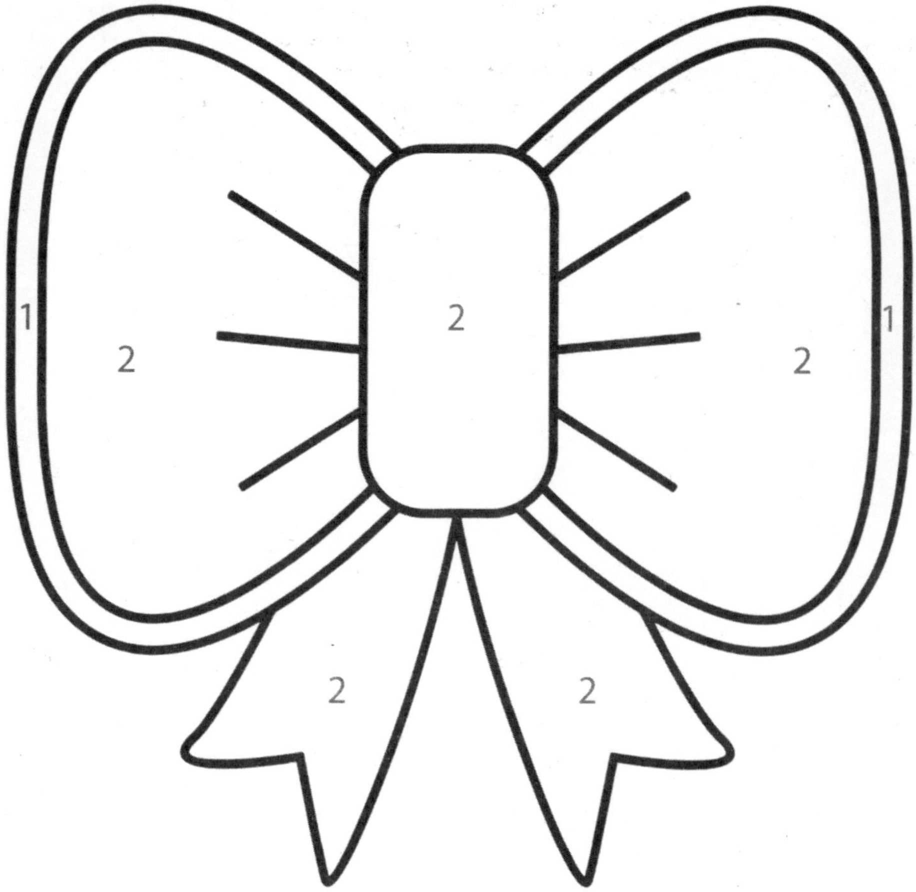
1
2
2
2
1
2
2

1
2
2
2
1
2
2

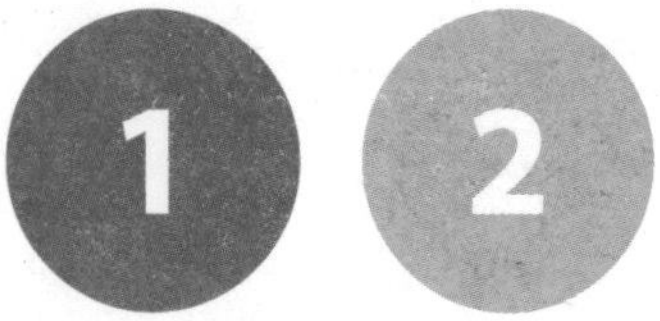
1
2

1 2

1 2

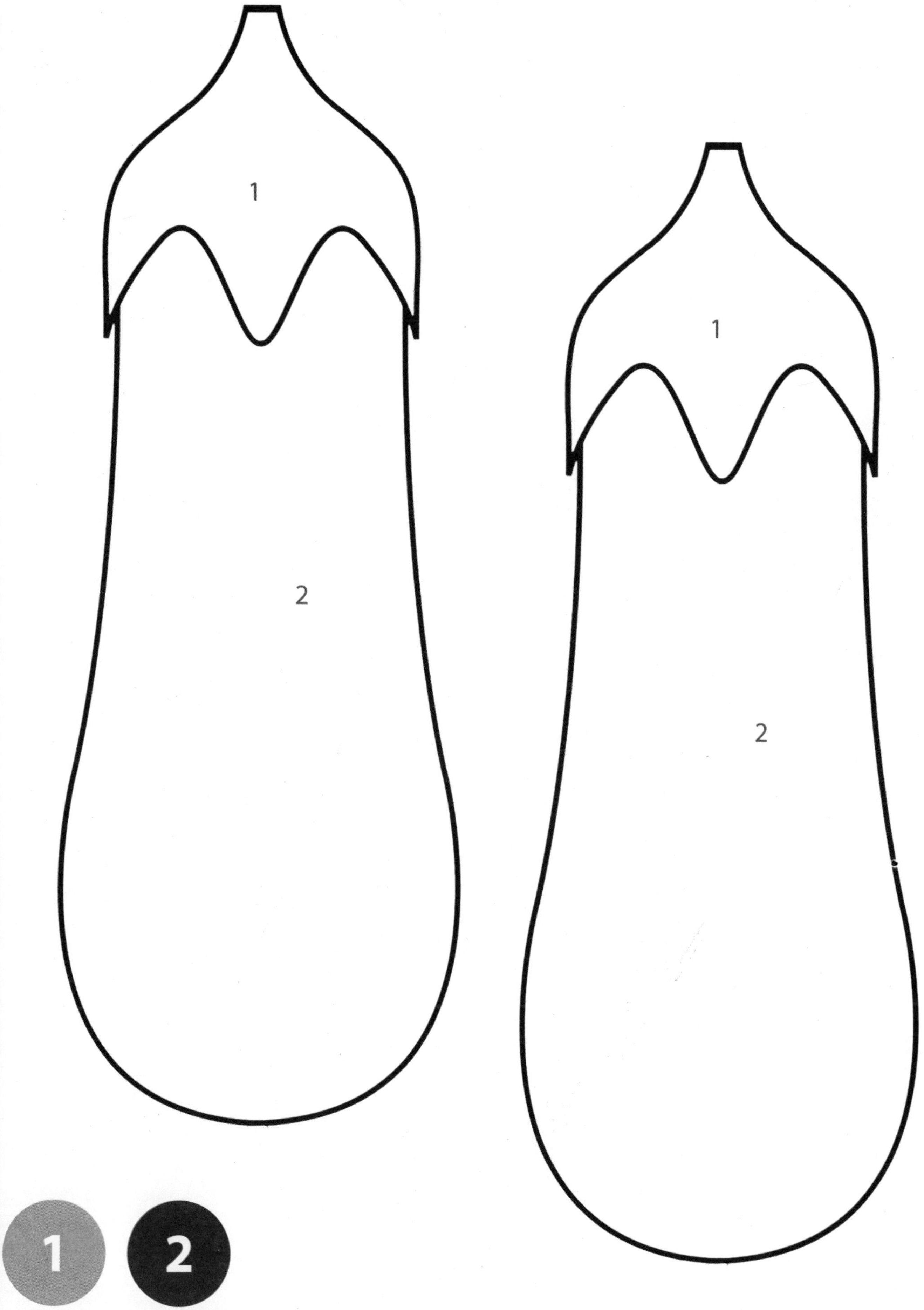
1
2
1
2
1
2

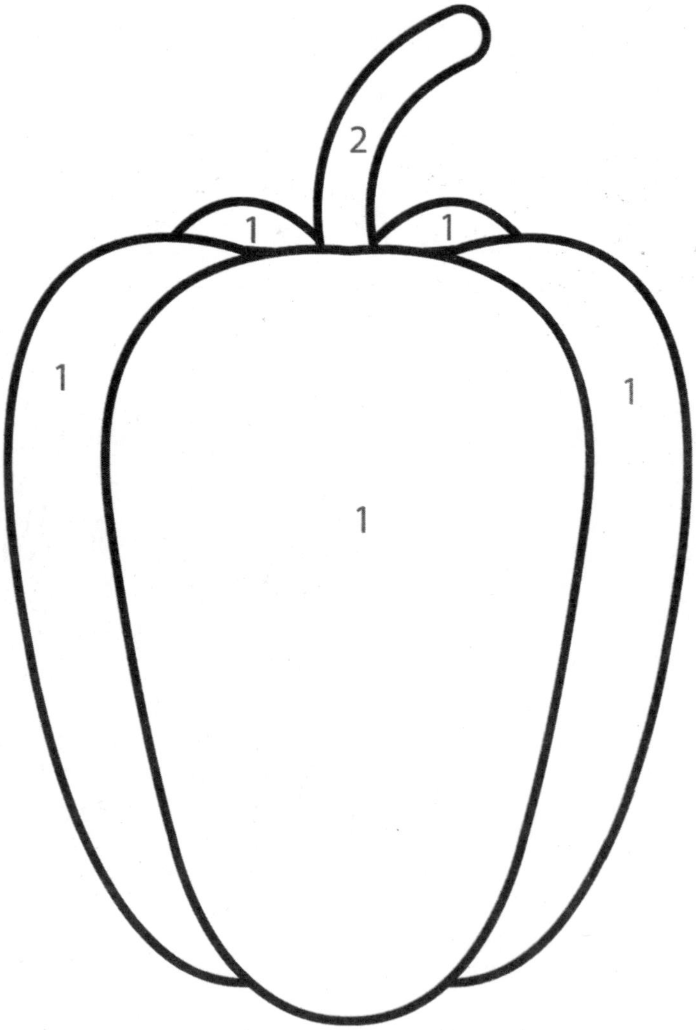
2
1
1
1
1
1

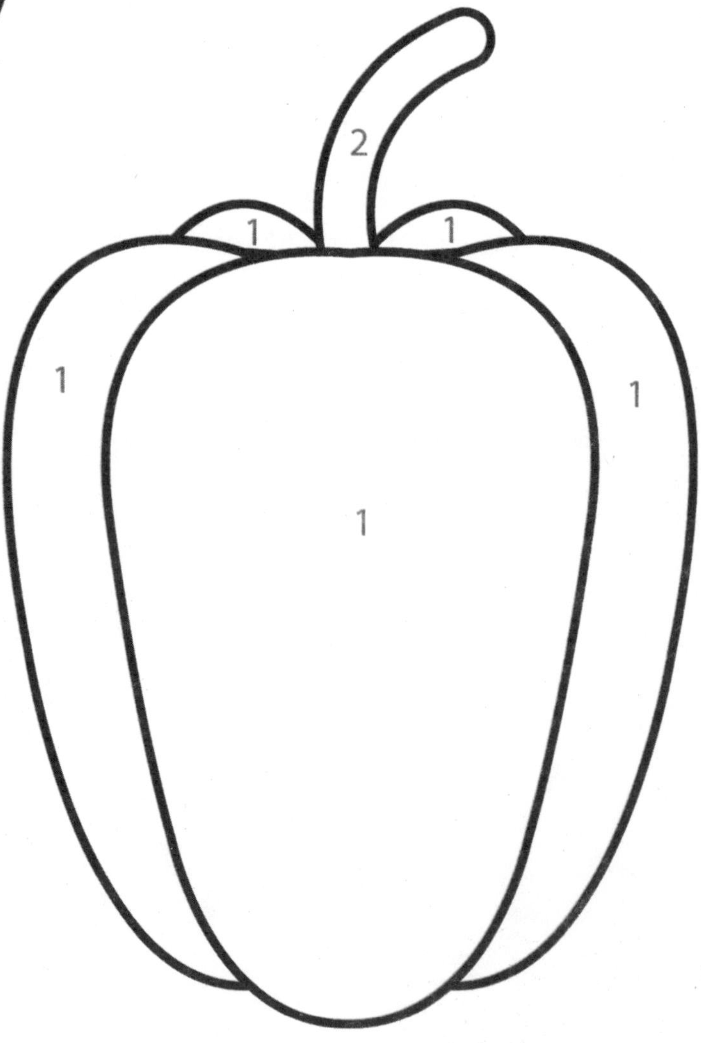
2
1
1
1
1
1

1
2

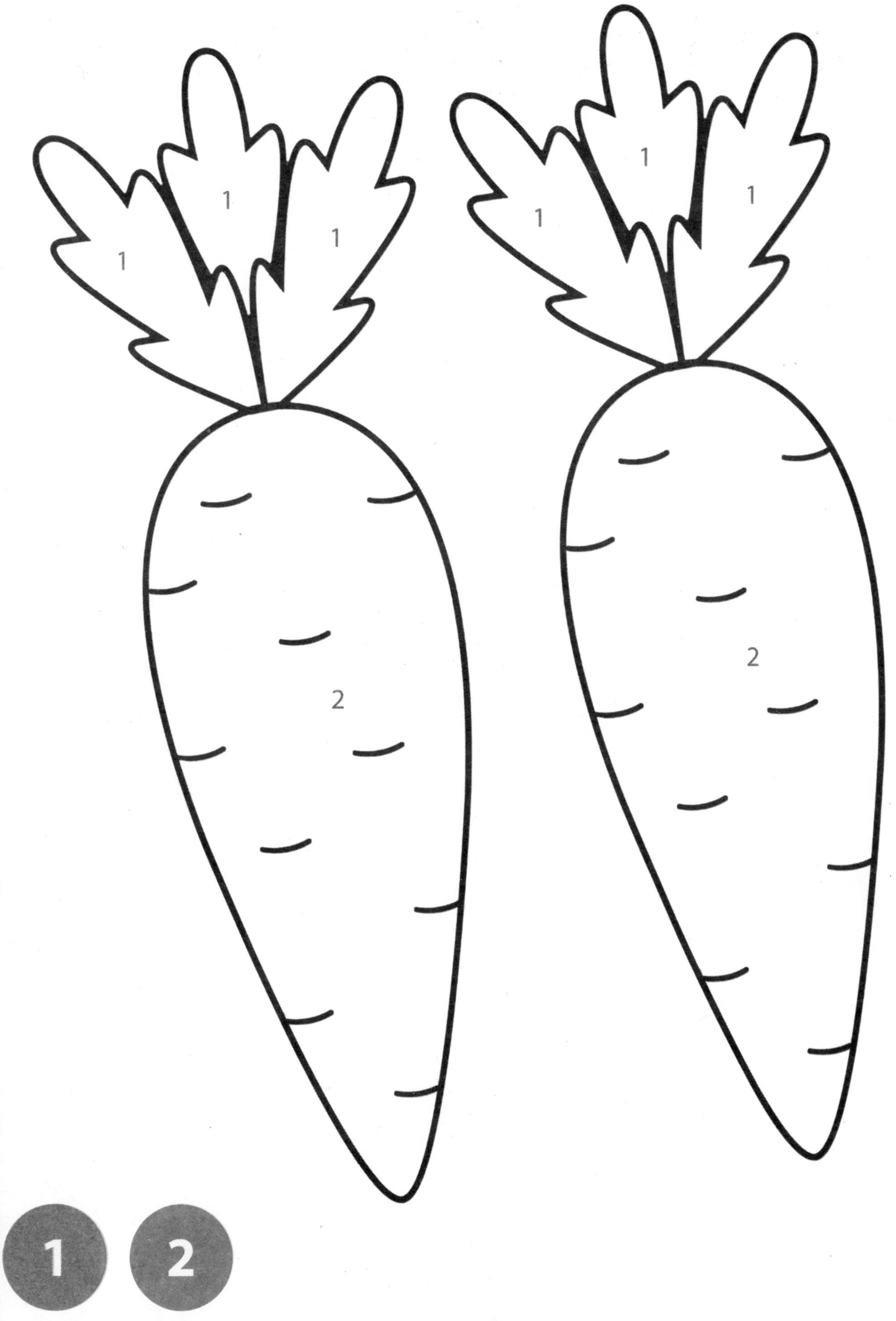
1
1
1
2
1
1
1
2
1
2

1 2

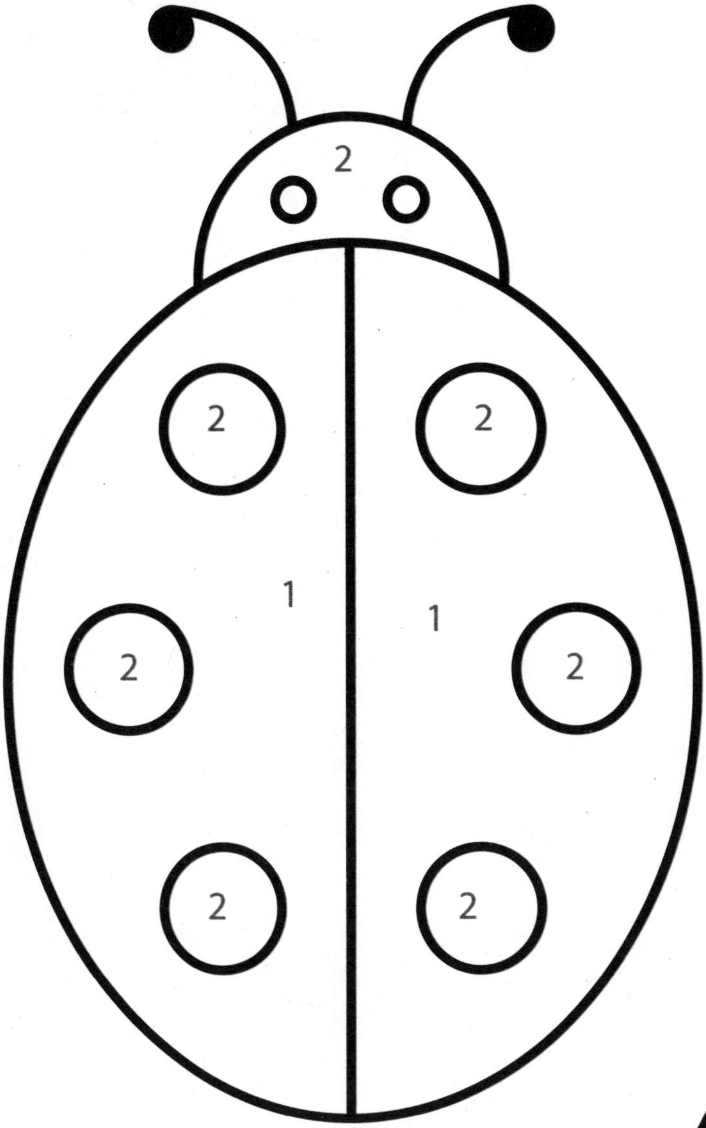

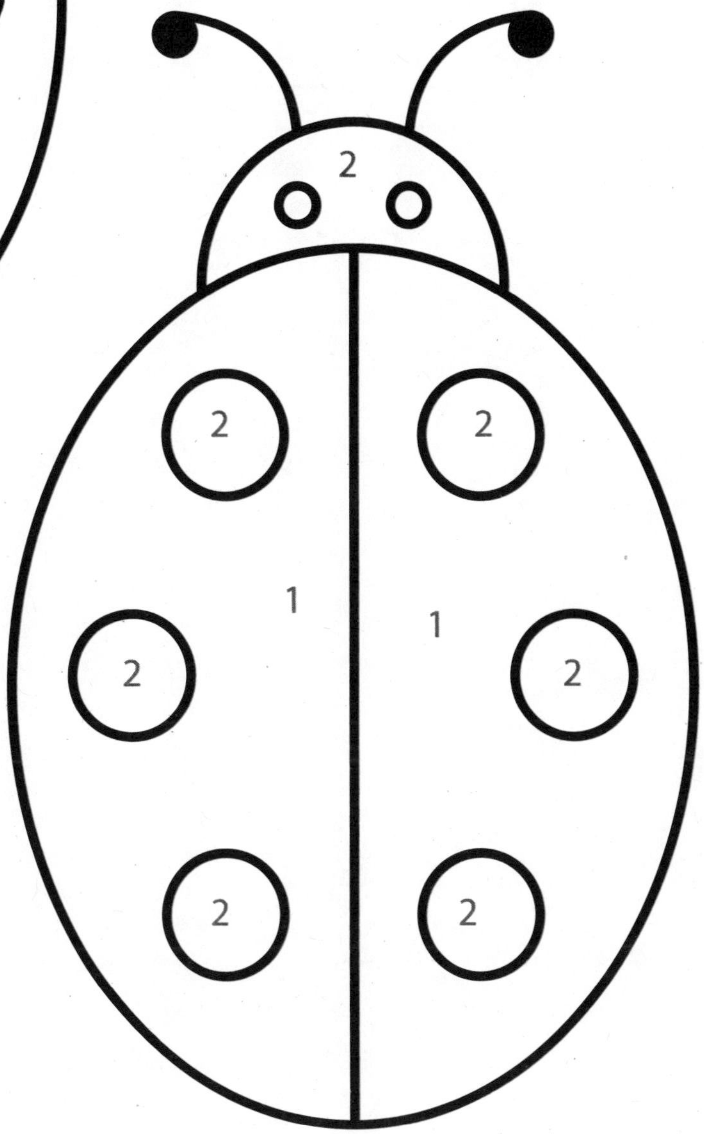

1 2

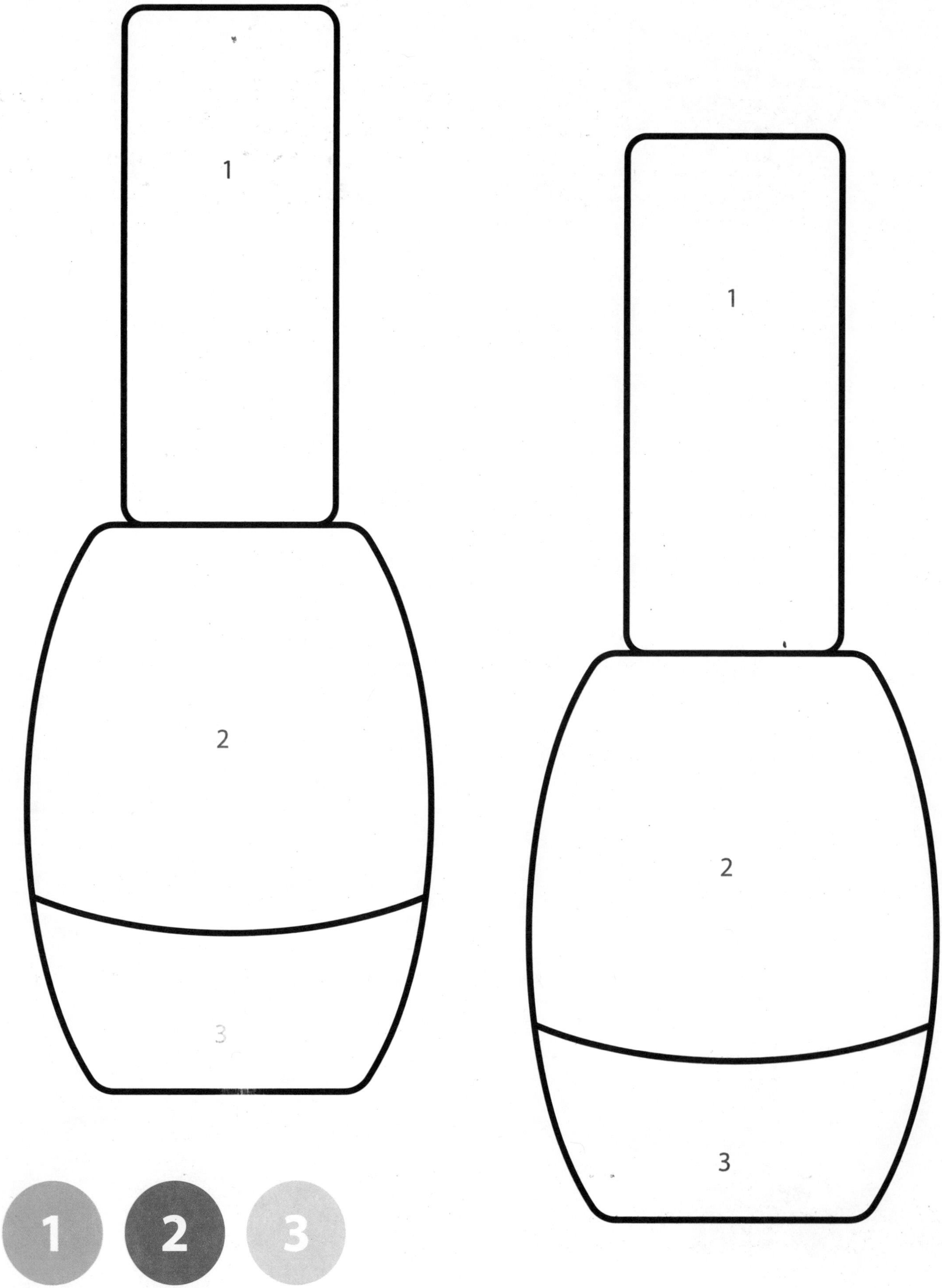
1
2
3
1
2
3
1 2 3

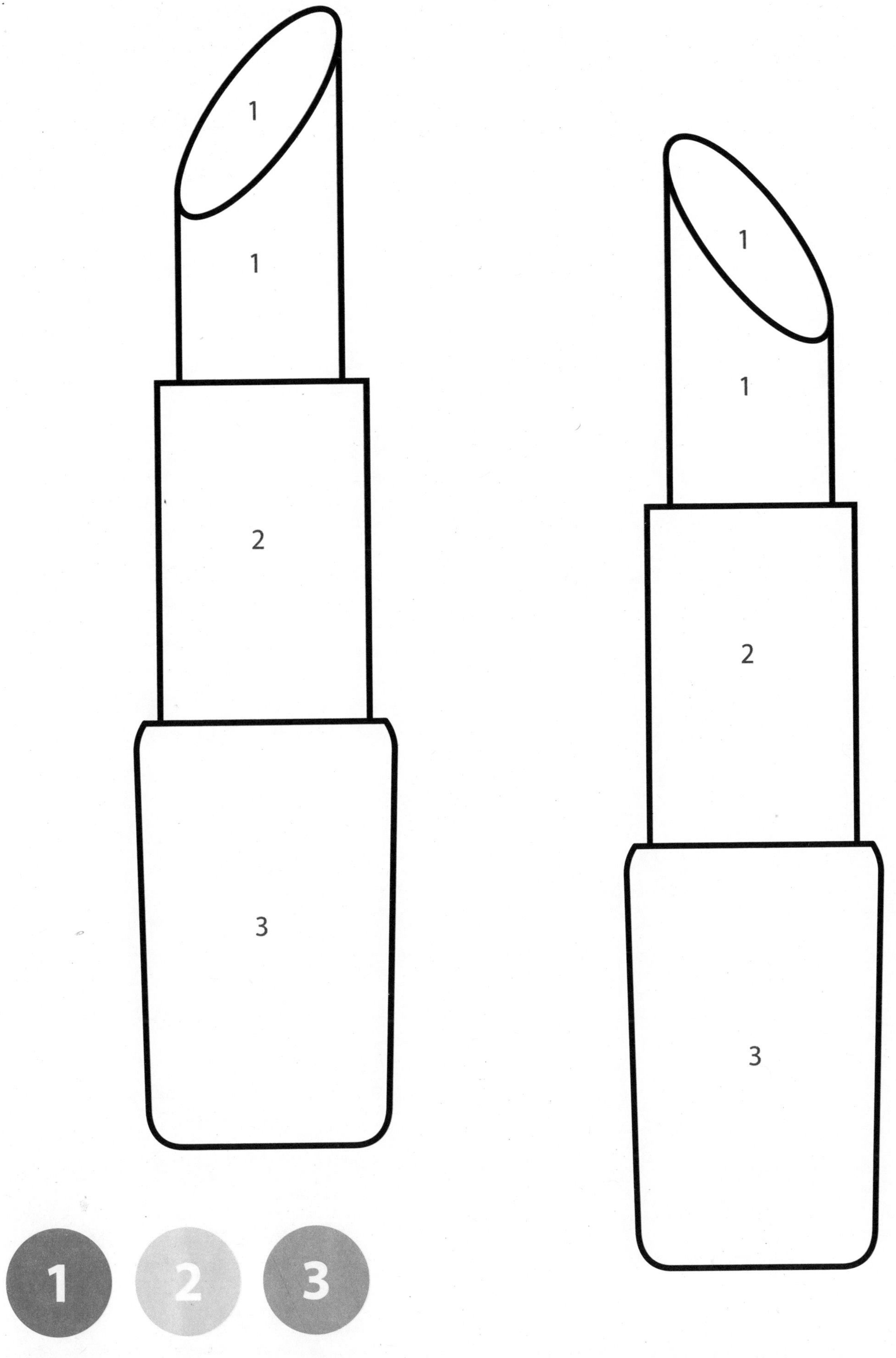
1
1
2
3
1
1
2
3
1
2
3

1
1
2
2
2
3
2

1
1
2
2
2
3
2

1
2
3

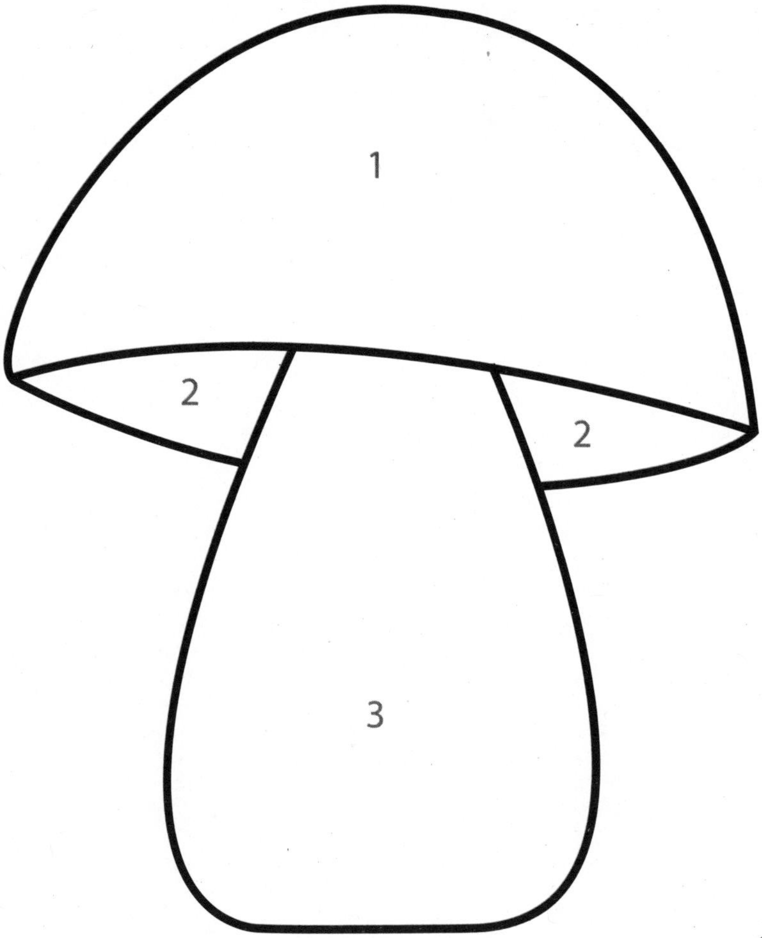
1
2
2
3

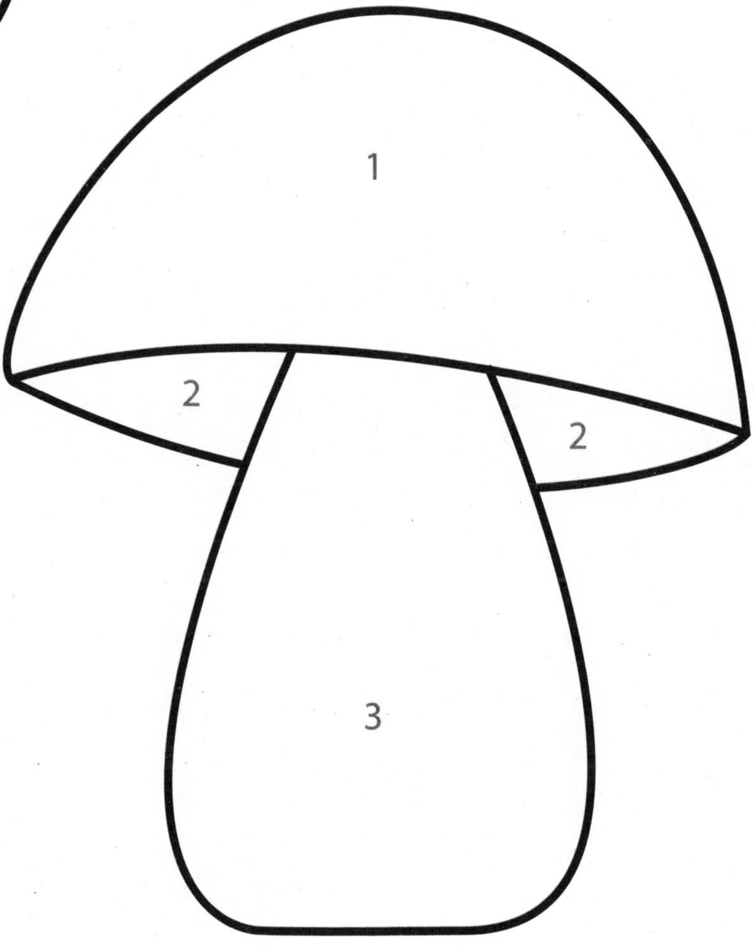
1
2
2
3

1
2
3

2
1
3

2
1
3

1
2
3

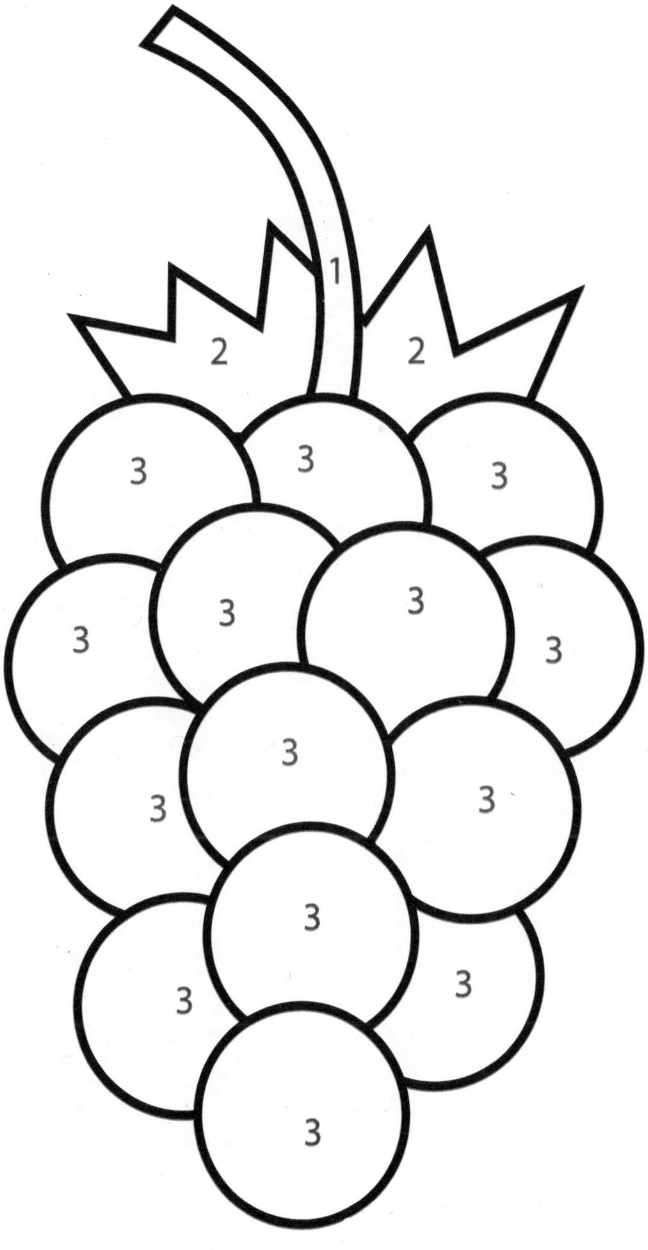

1 2 3

2
1
1
1
2
1
3
3

2
1
1
1
2
1
3
3

1
2
3

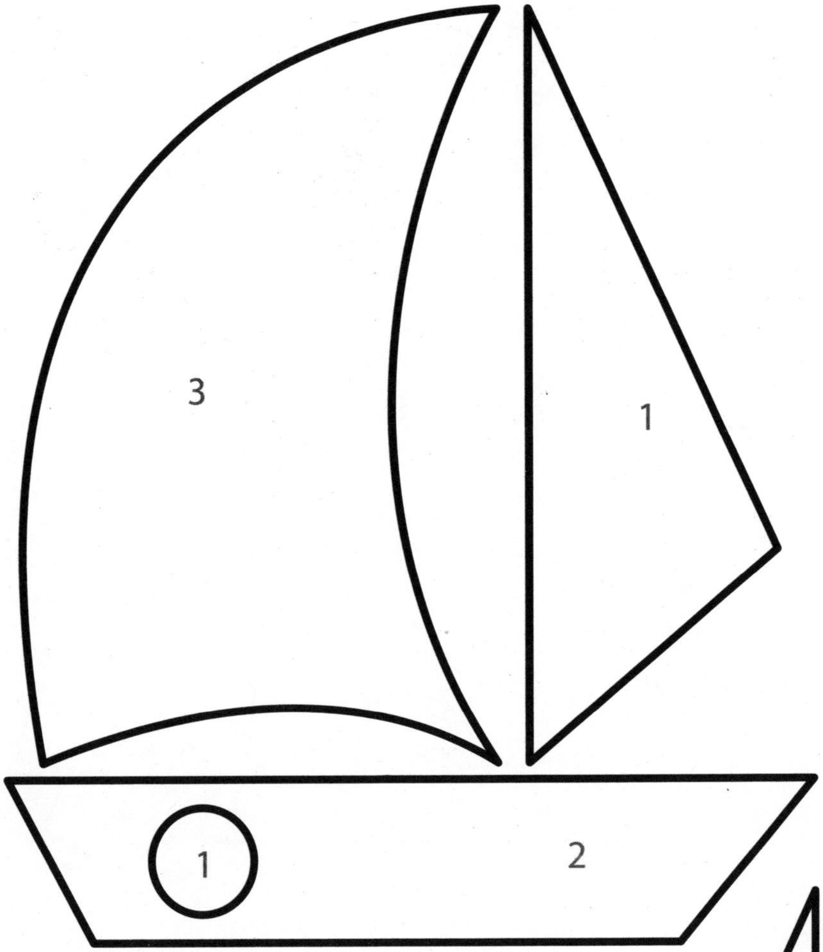

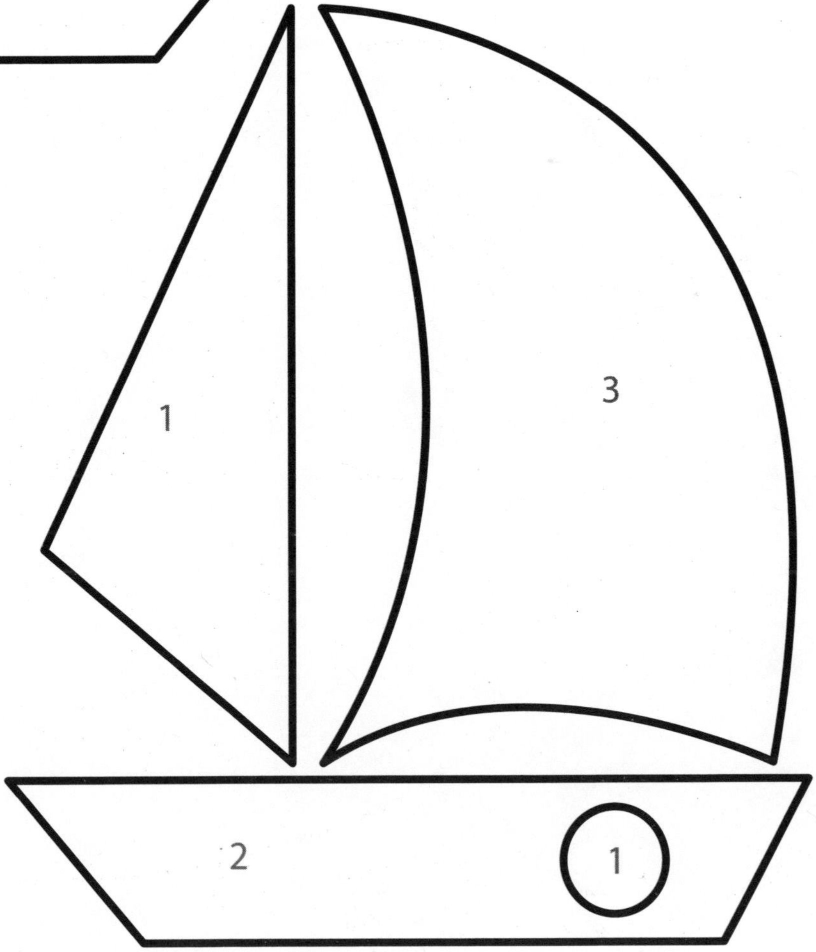

1 2 3

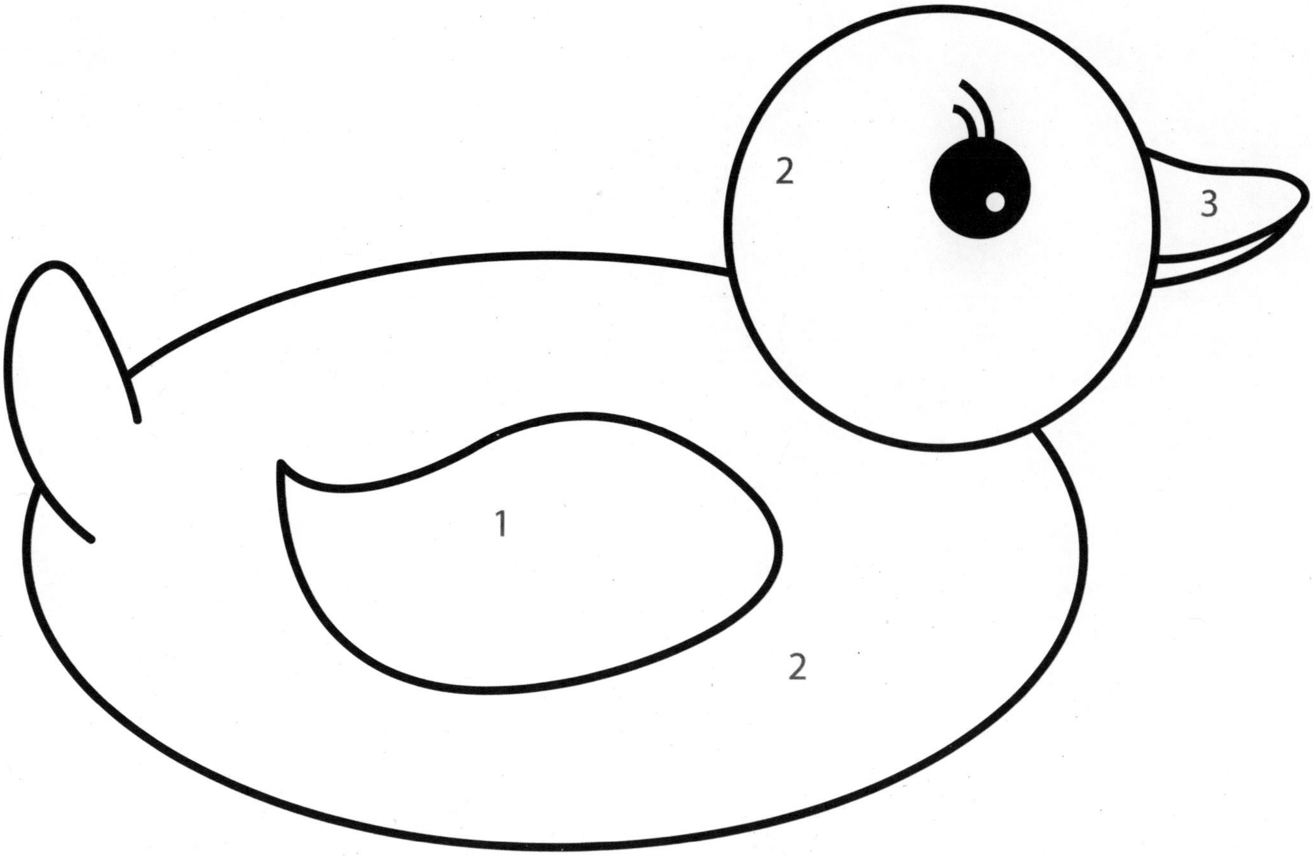

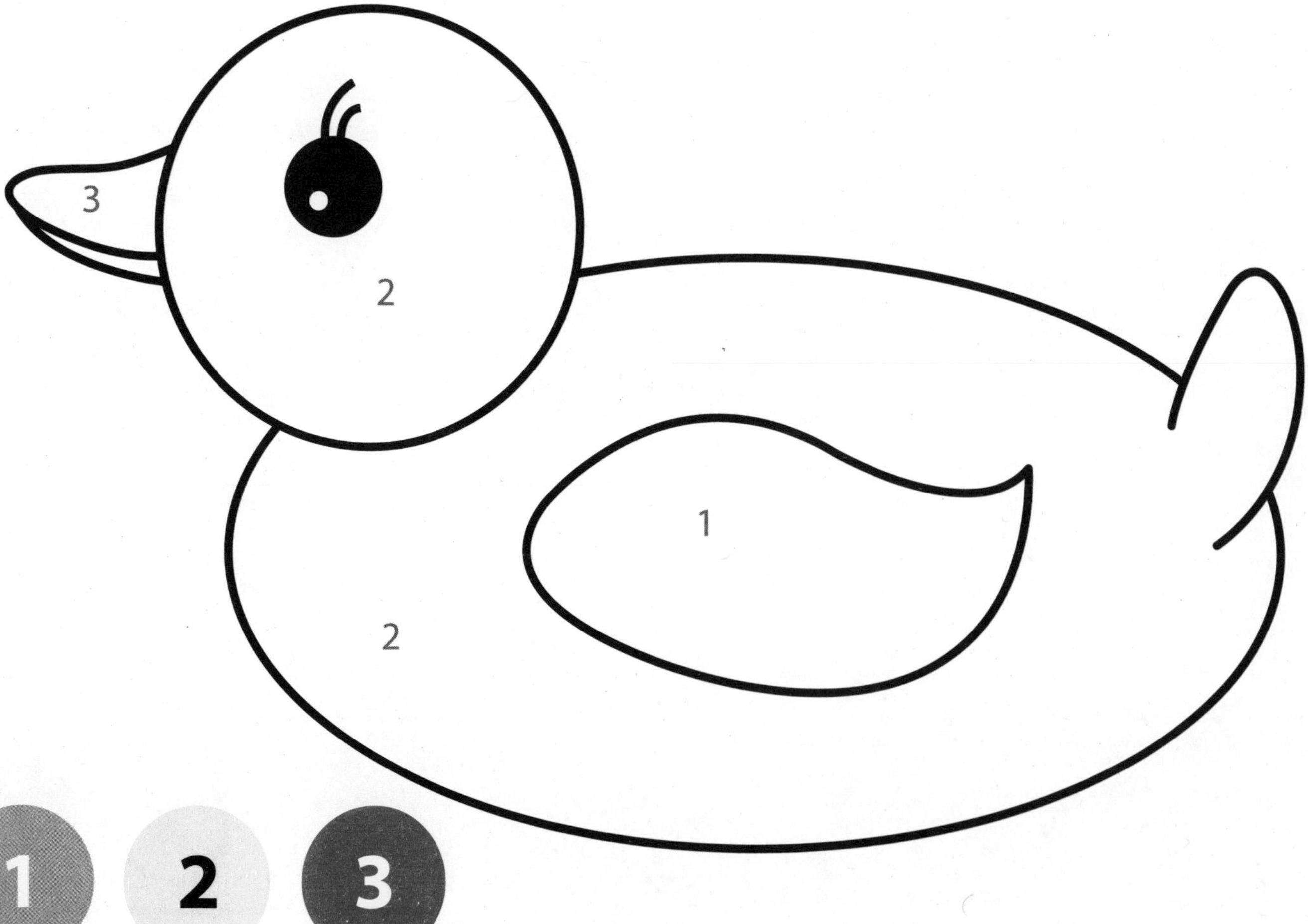

1 2 3

1
2
3
1
2
3
1
2
3

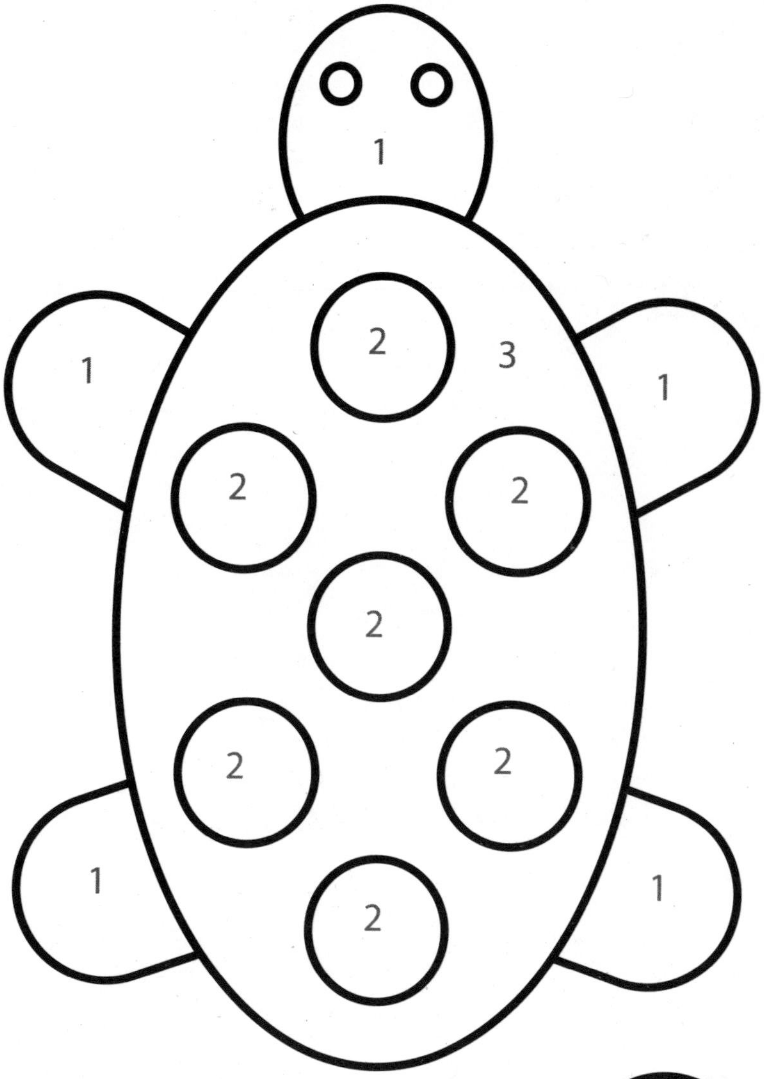

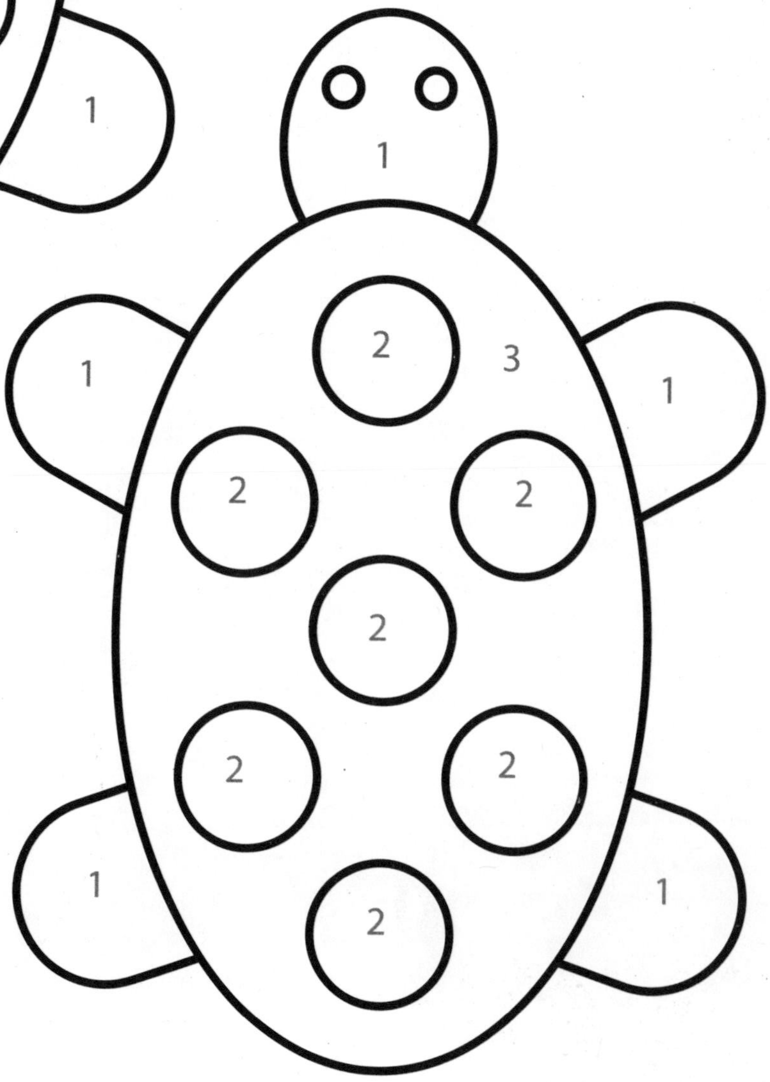

1 2 3

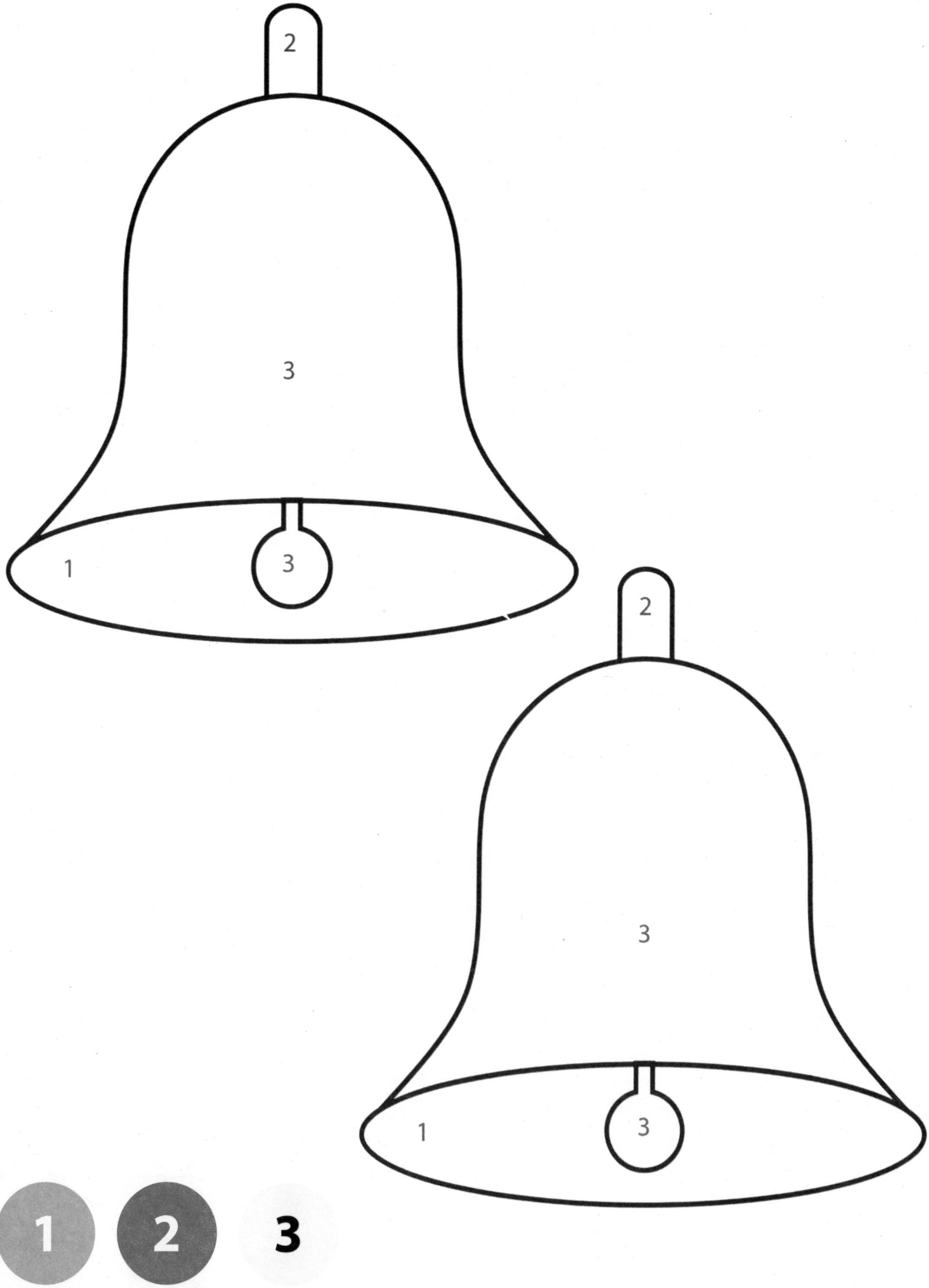

1 2 3

2
1
1
3
3
2
1
3
3
1
2
3

1
2
2
2
2
3
1
2
2
2
2
3
1
2
3

1
2
3
1
2
3
1 2 3

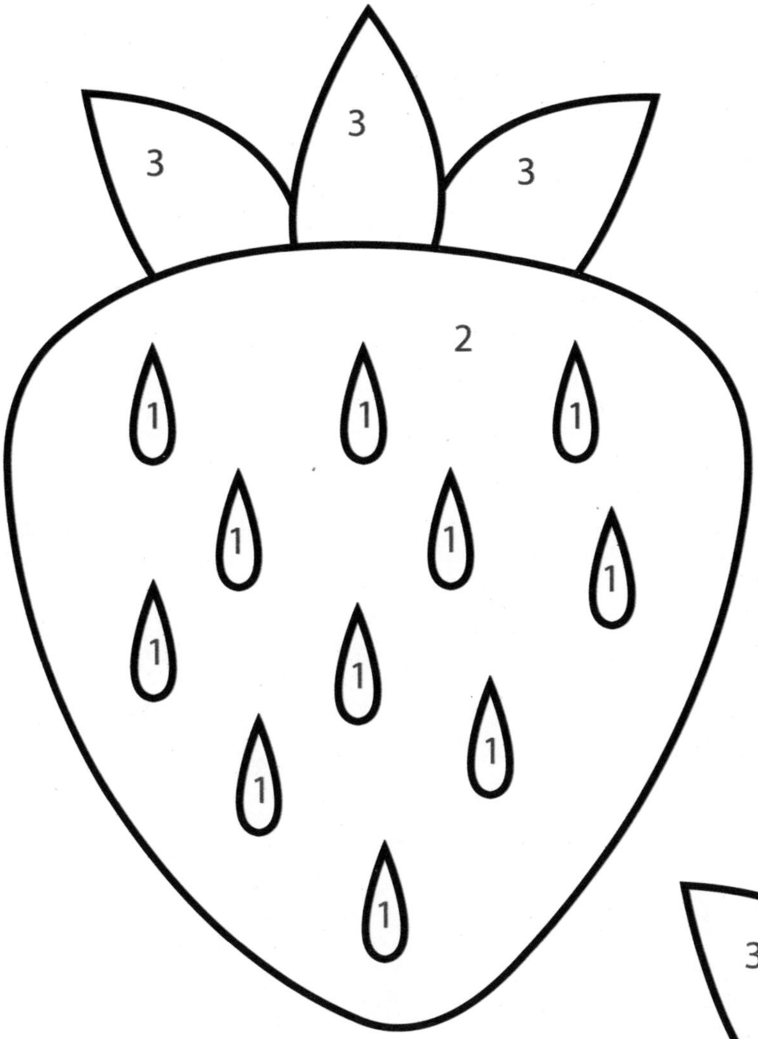

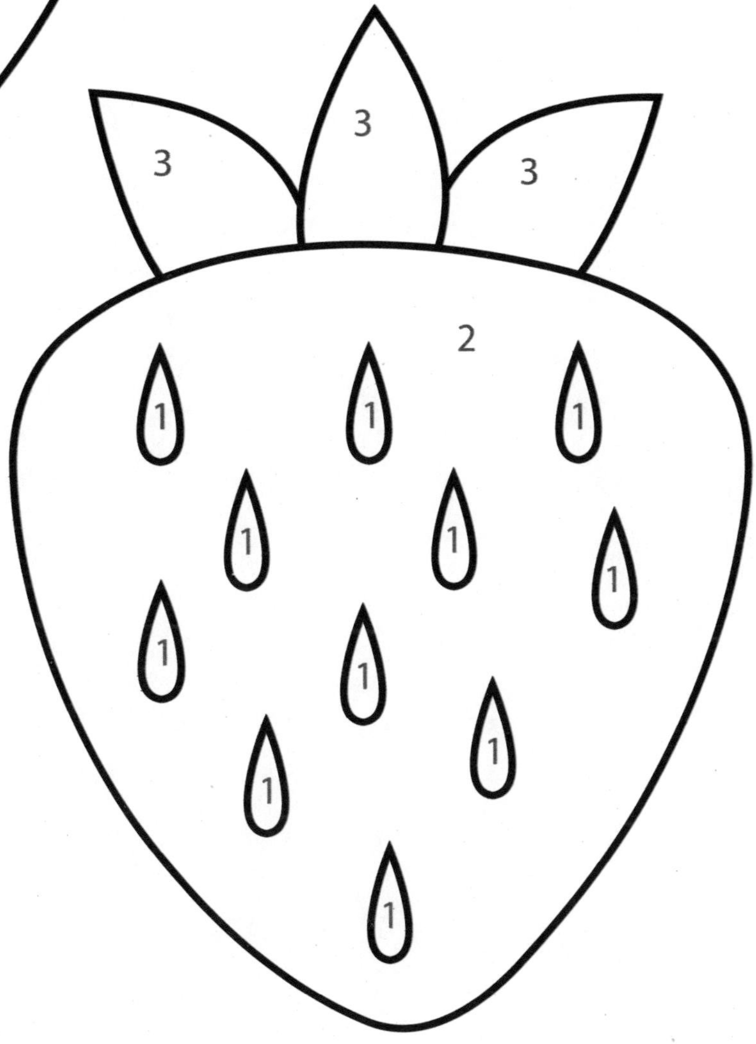

1 2 3

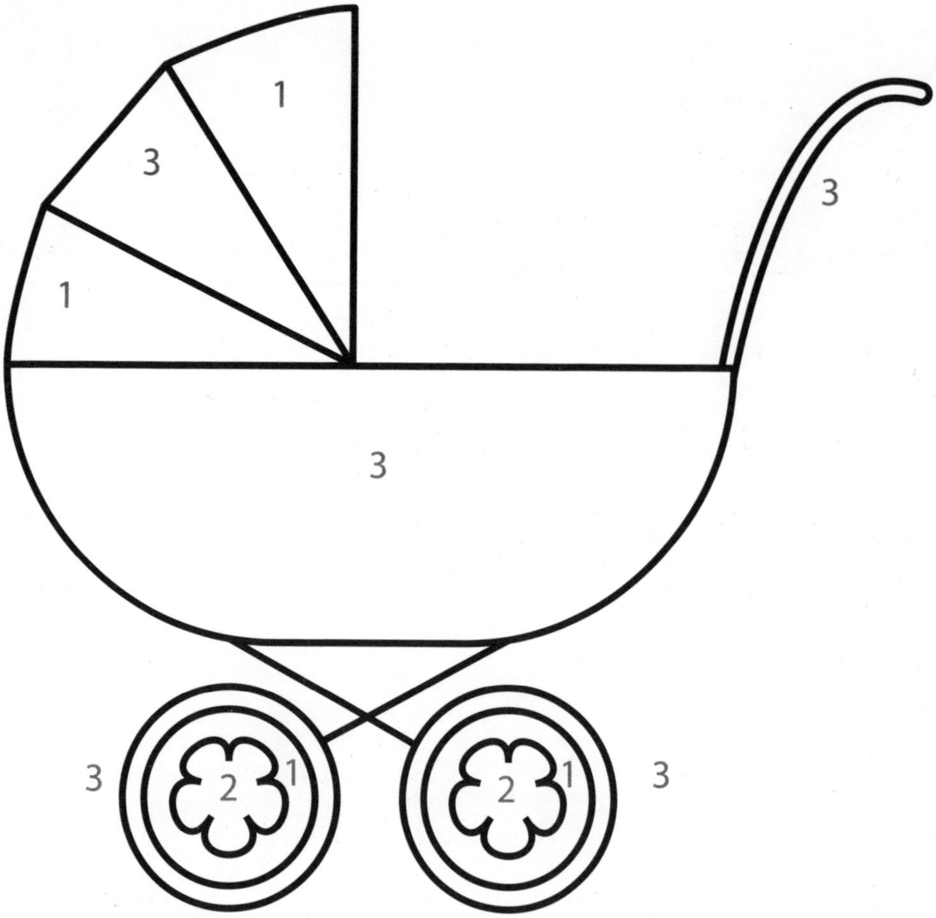

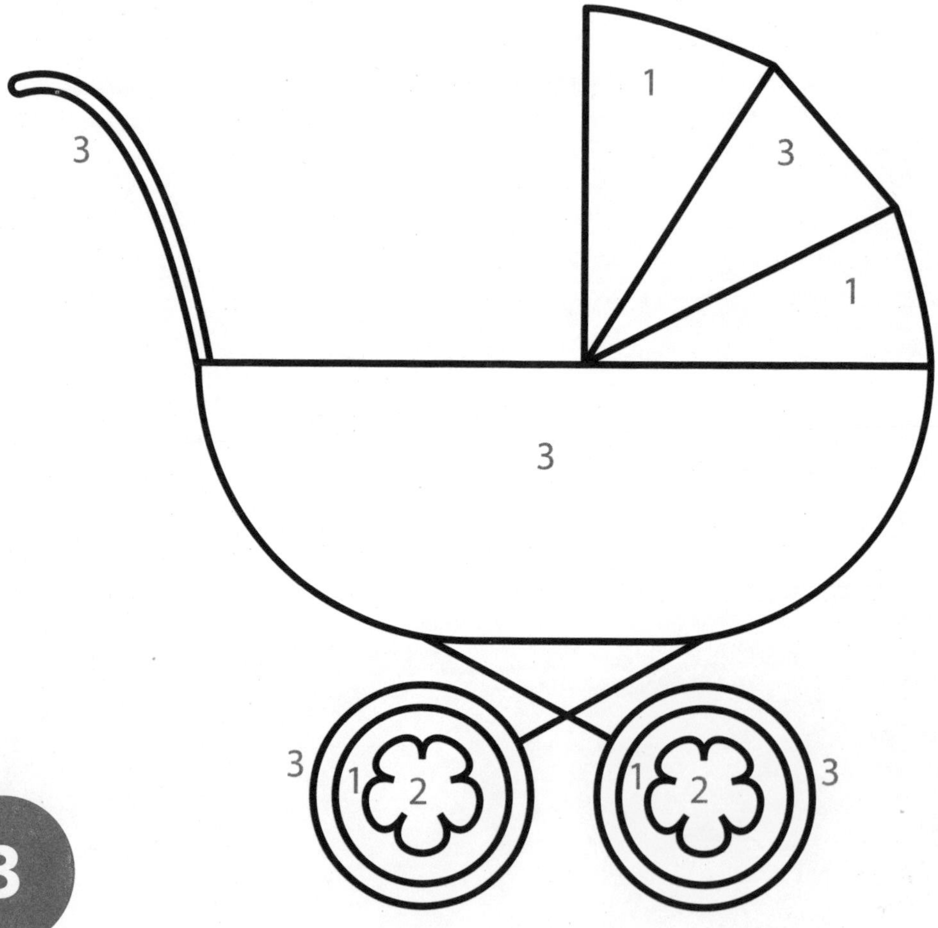

1 2 3

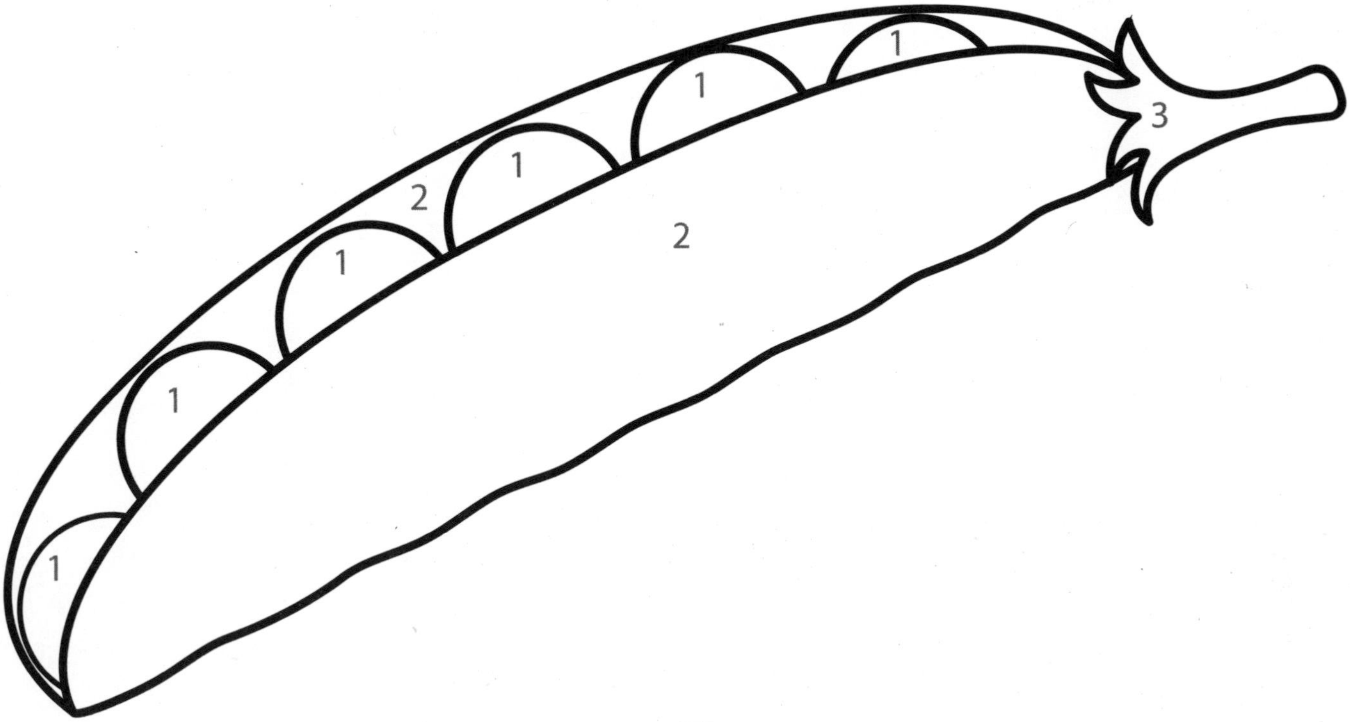

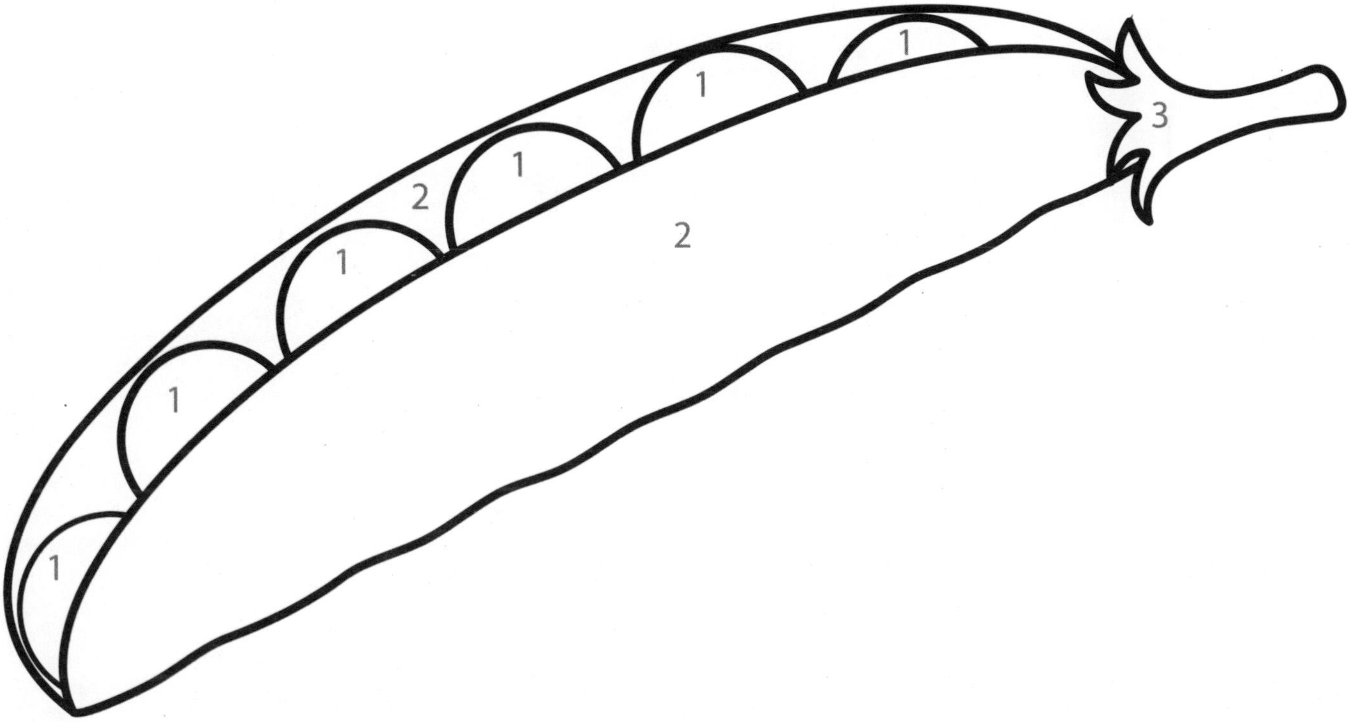

1 2 3

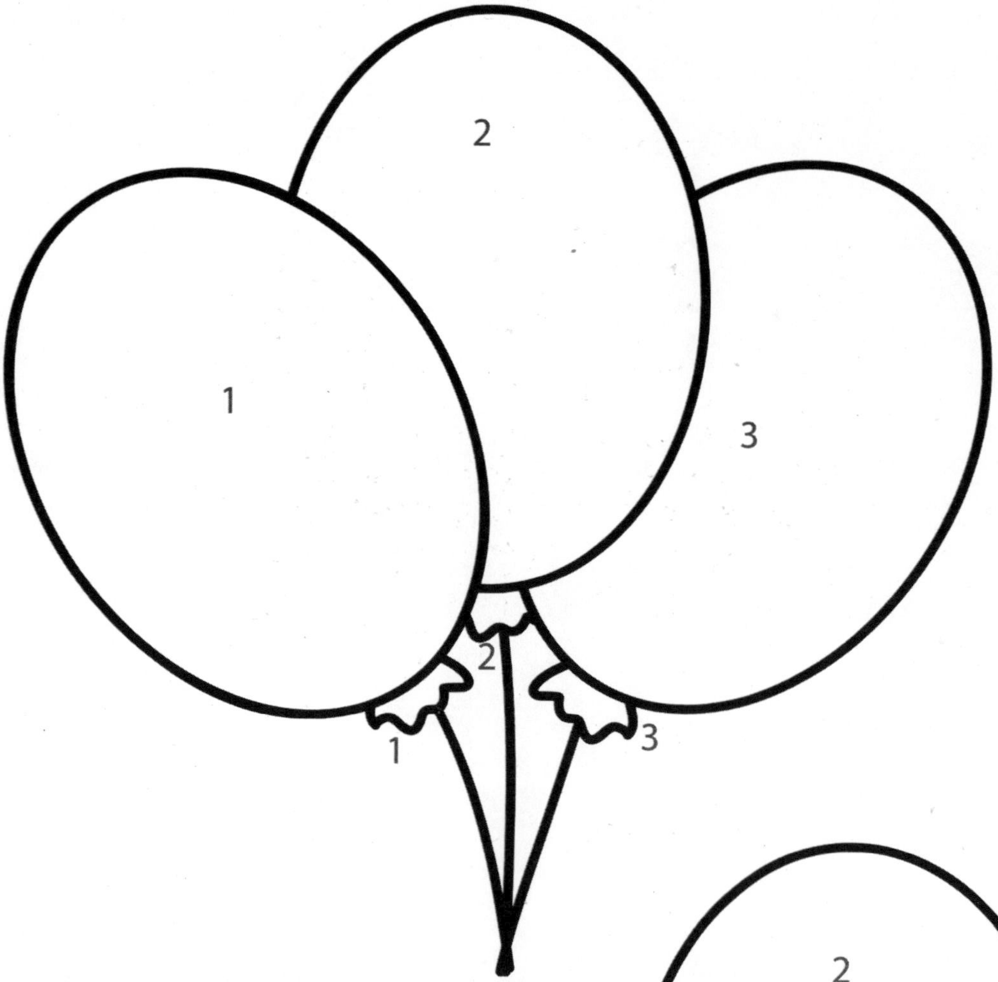
2
1
3
2
1
3

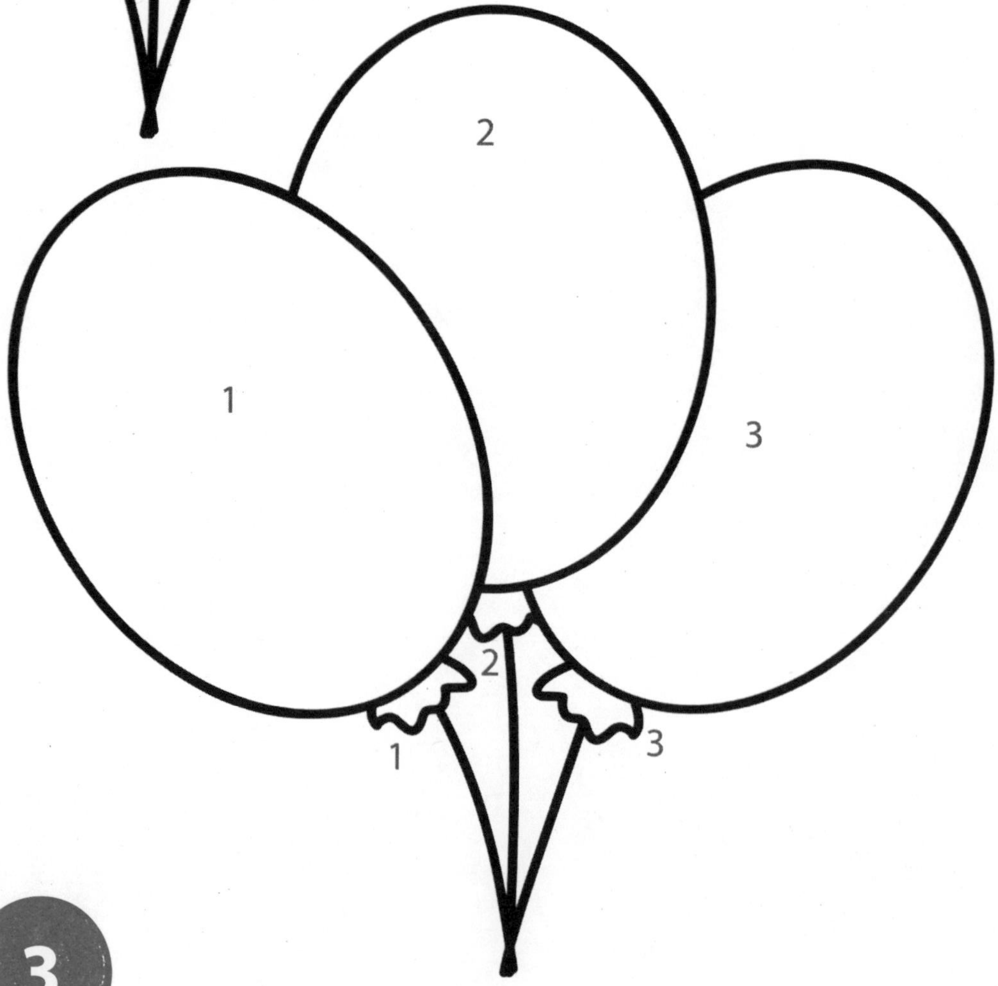
2
1
3
2
1
3

1
2
3

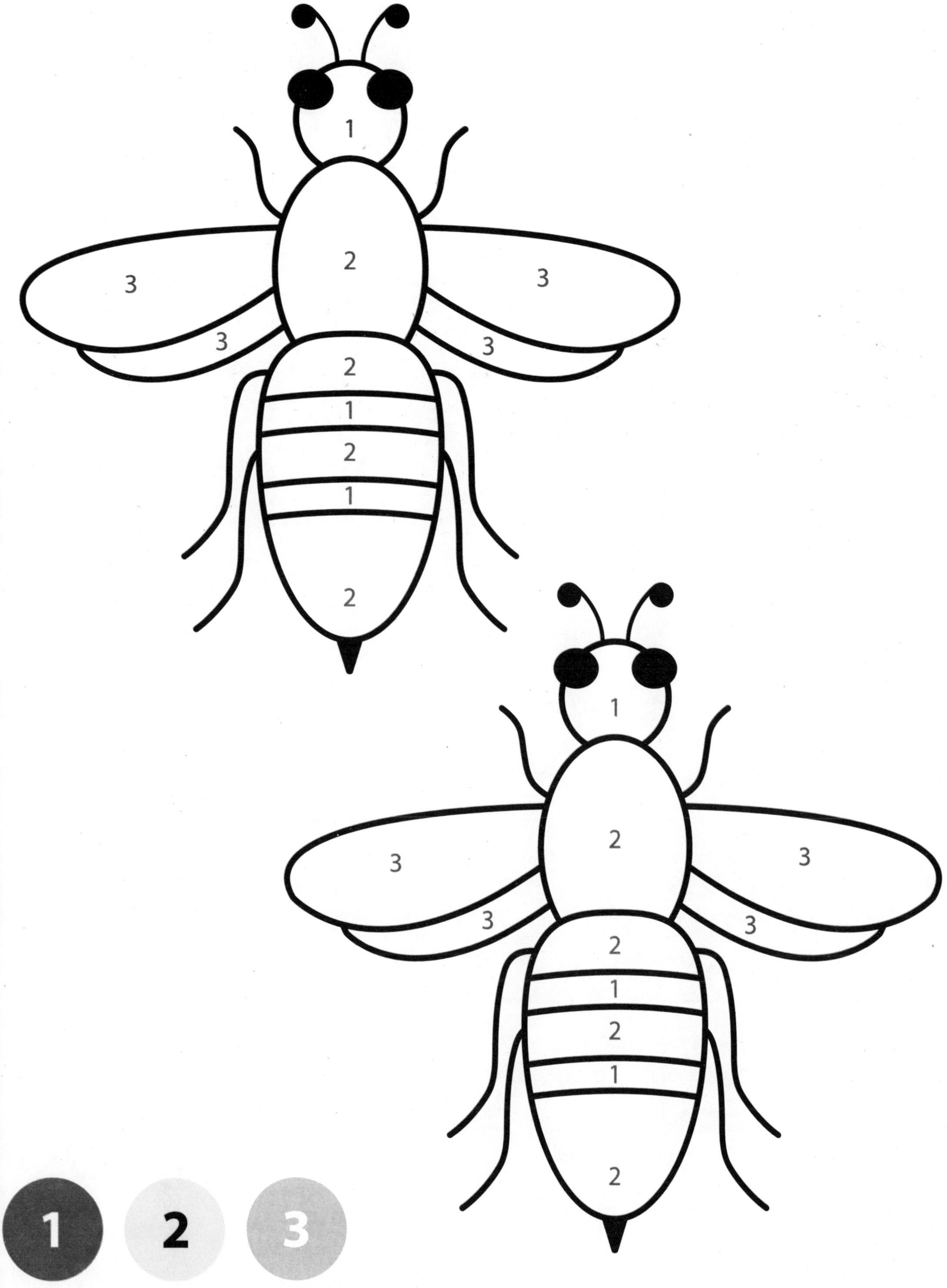
1
2
3
3
3
3
2
1
2
1
2
1
2
3
3
3
3
2
1
2
1
2
1
2
3

1 2 3

1 2 3

1 2 **3**

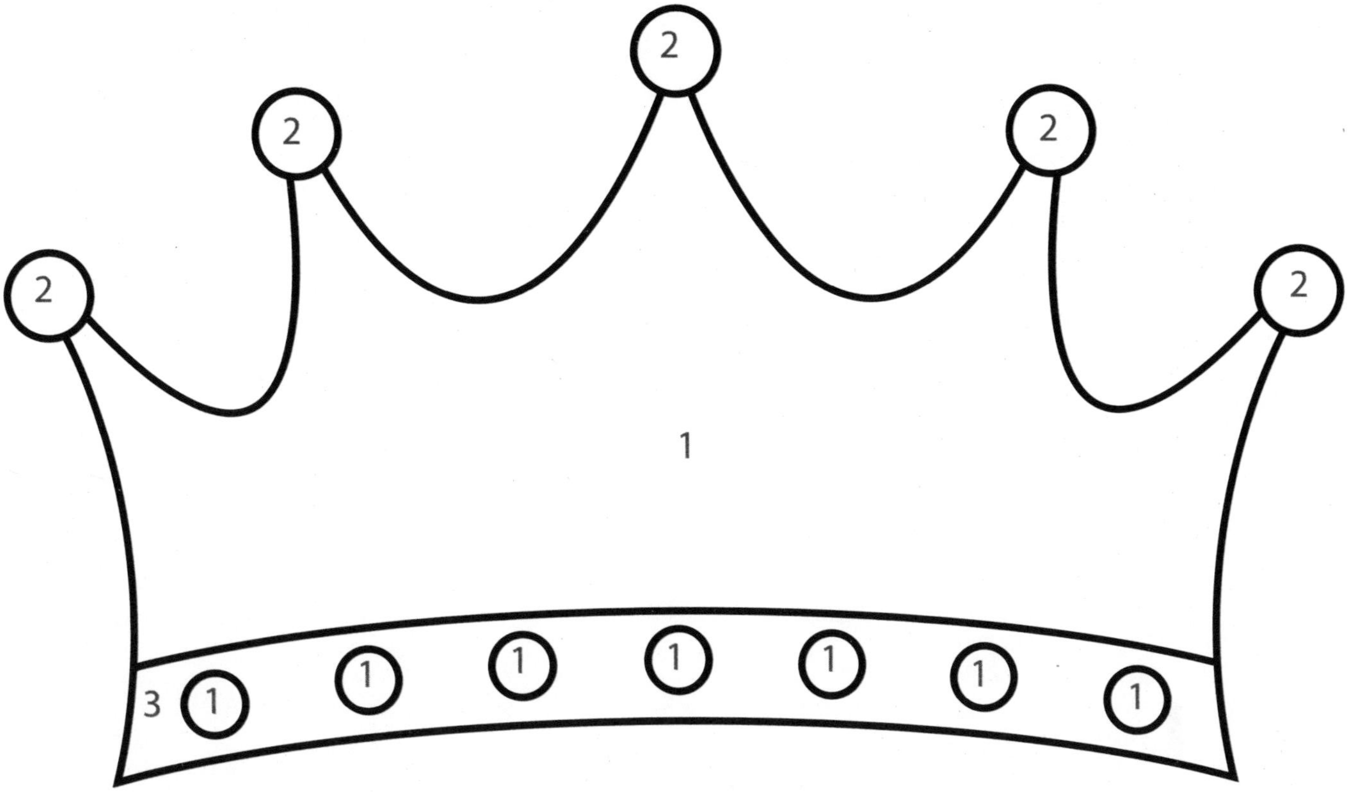

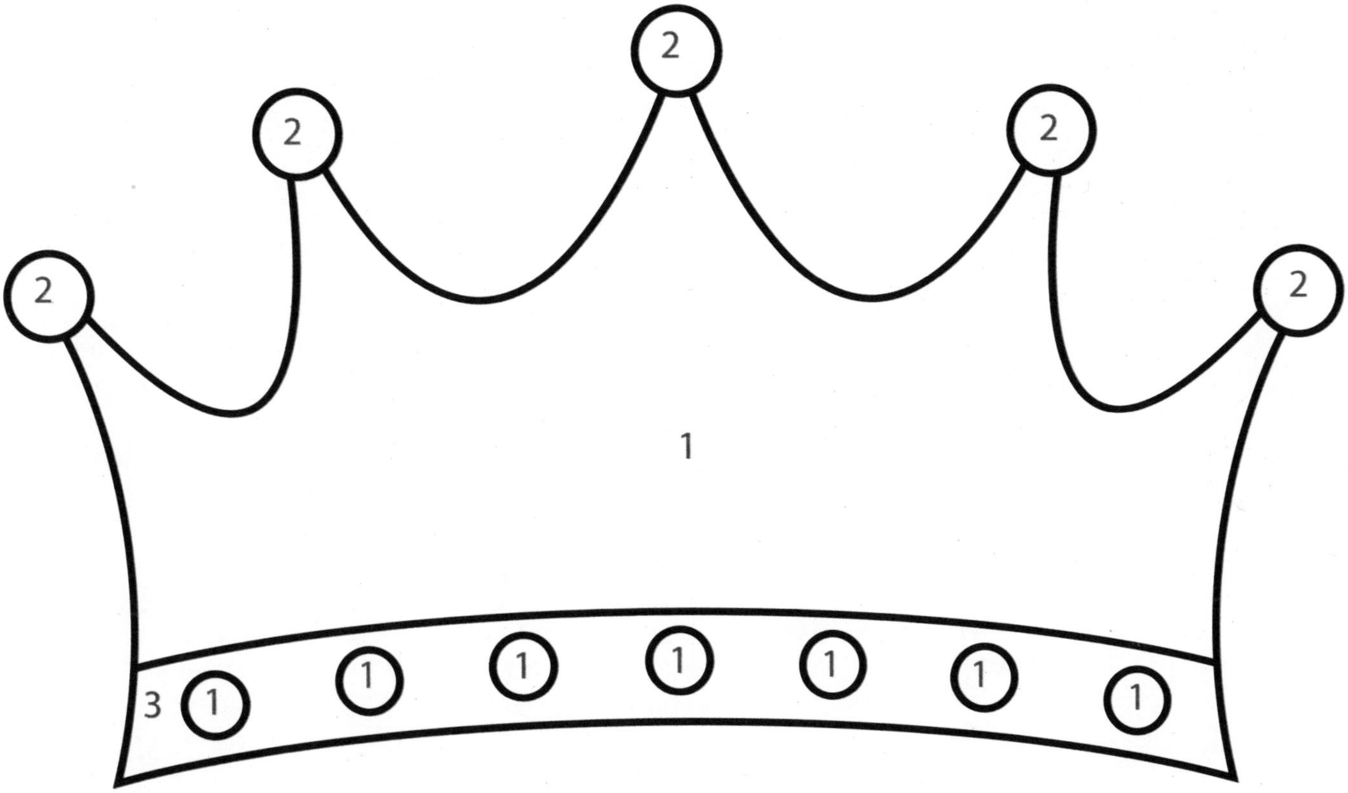

1 2 3

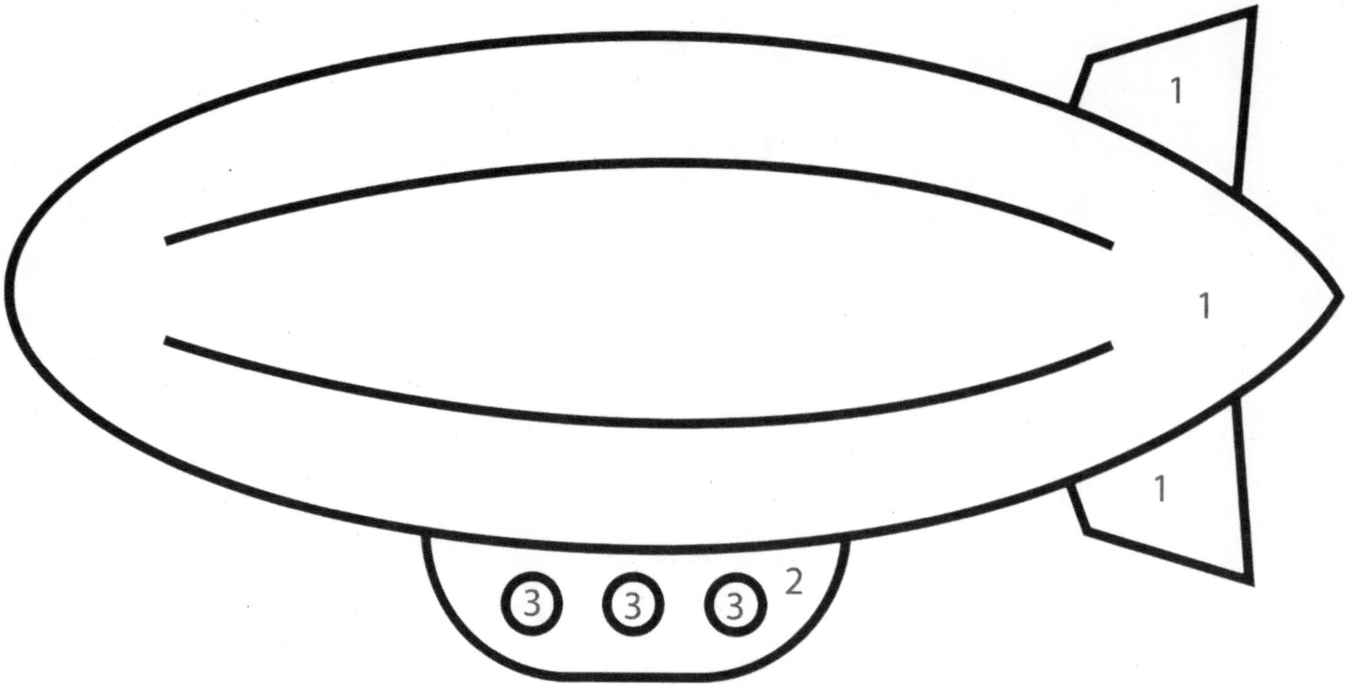

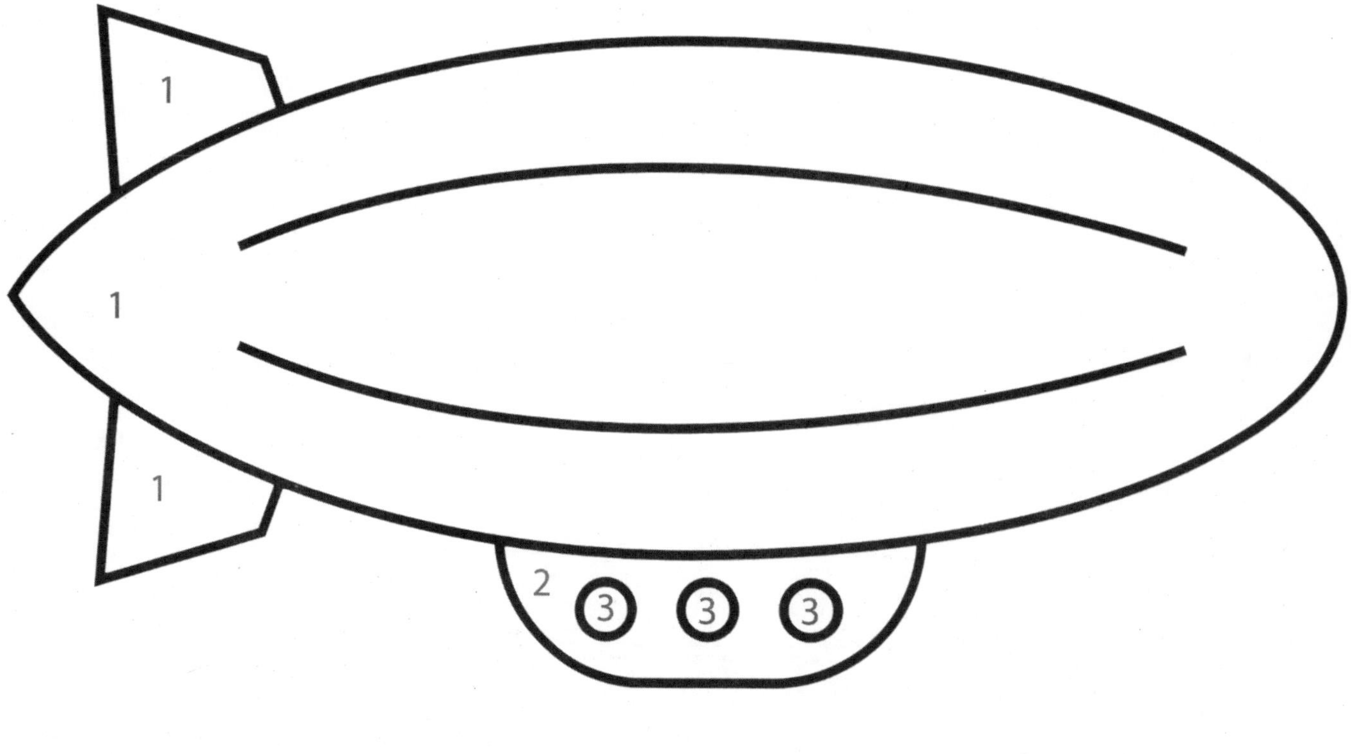

1 2 3

1 2 3

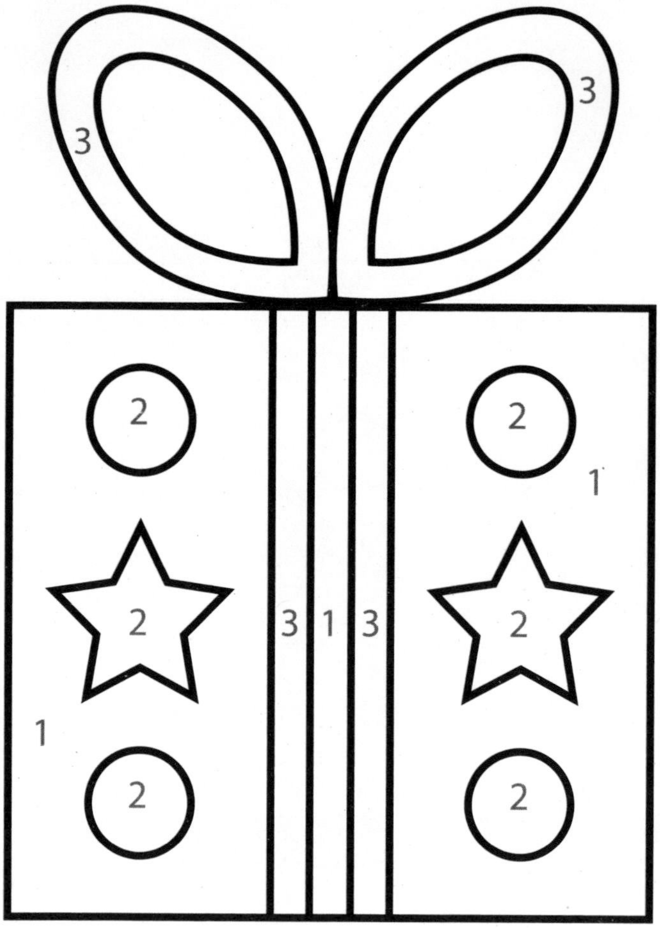
3
3
2
2
1
2
2
3
1
3
2
2
1
2
2

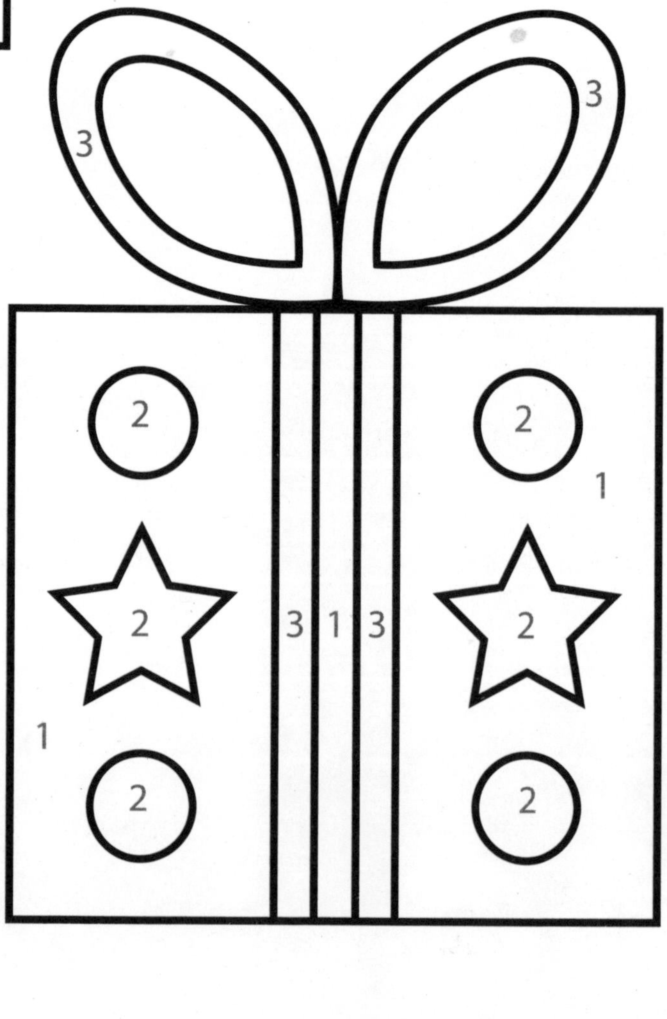
3
3
2
2
1
2
2
3
1
3
2
2
1
2
2

1
2
3

2
2
1
2
2
2
3
2
3
2
2
1
2
2
2
3
2
3
1
2
3

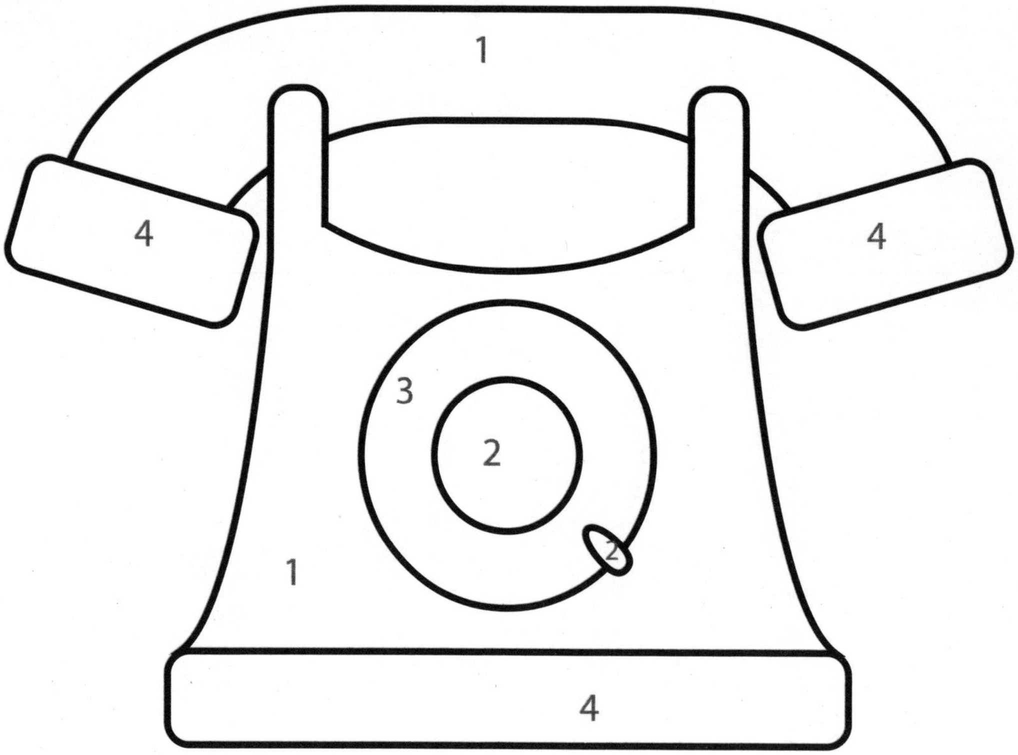

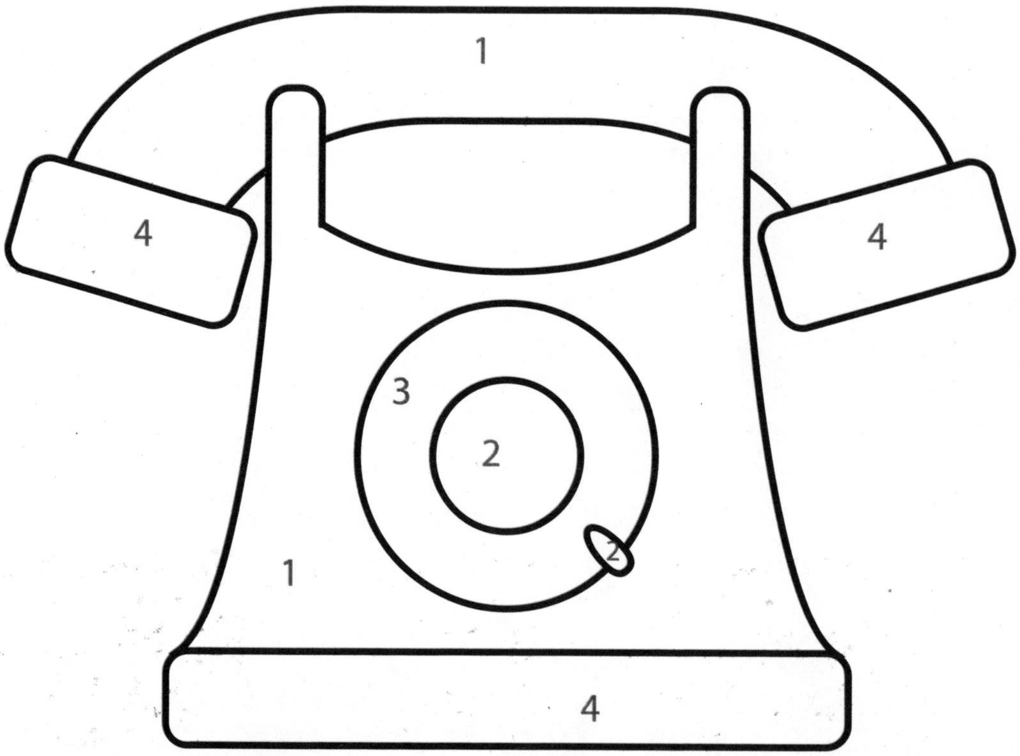

1 2 3 4

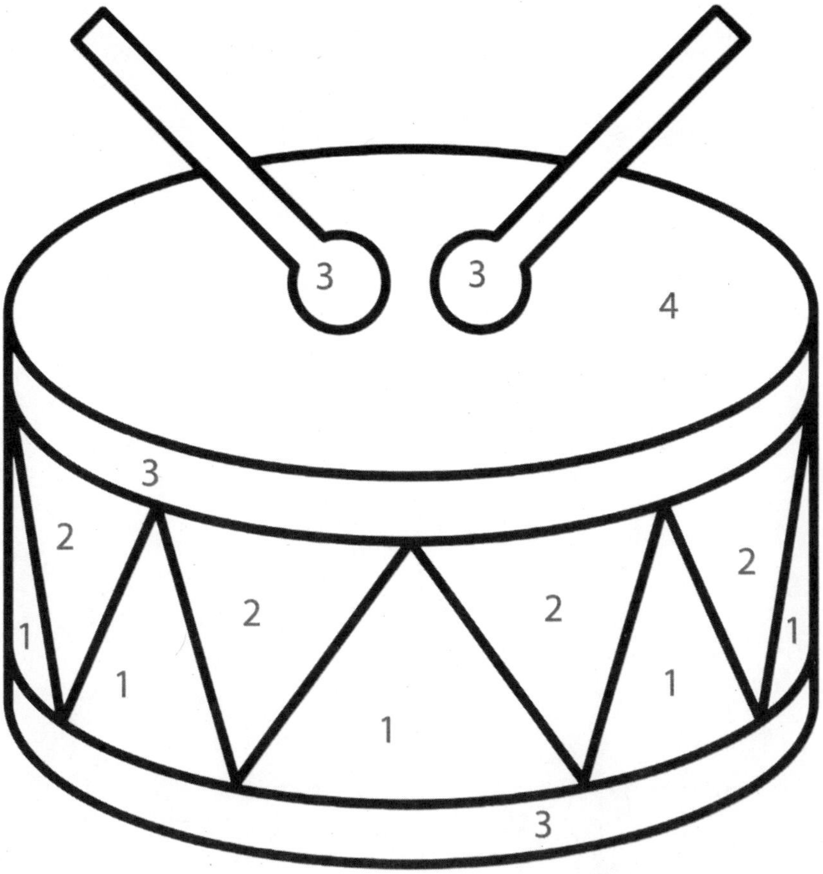
3
3
4
3
2
2
2
2
1
1
1
1
1
3

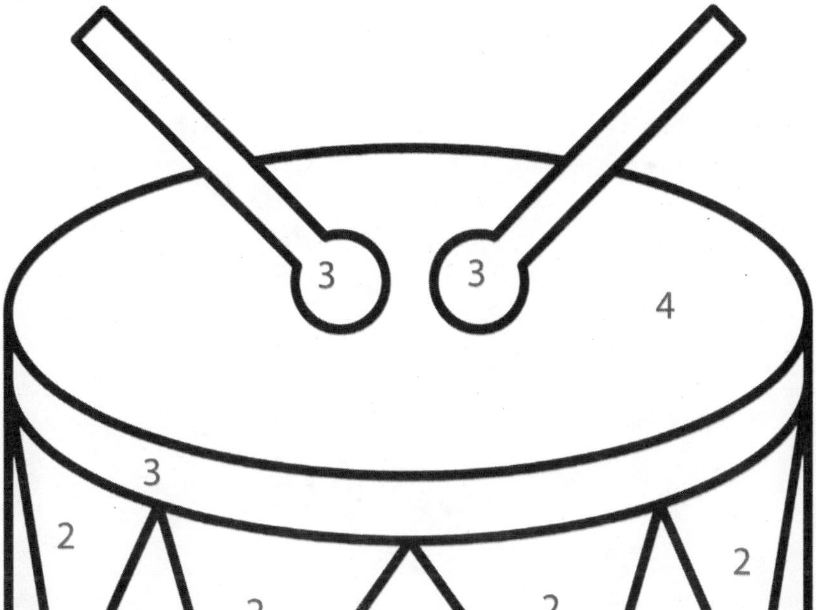
3
3
4
3
2
2
2
2
1
1
1
1
1
3

1
2
3
4

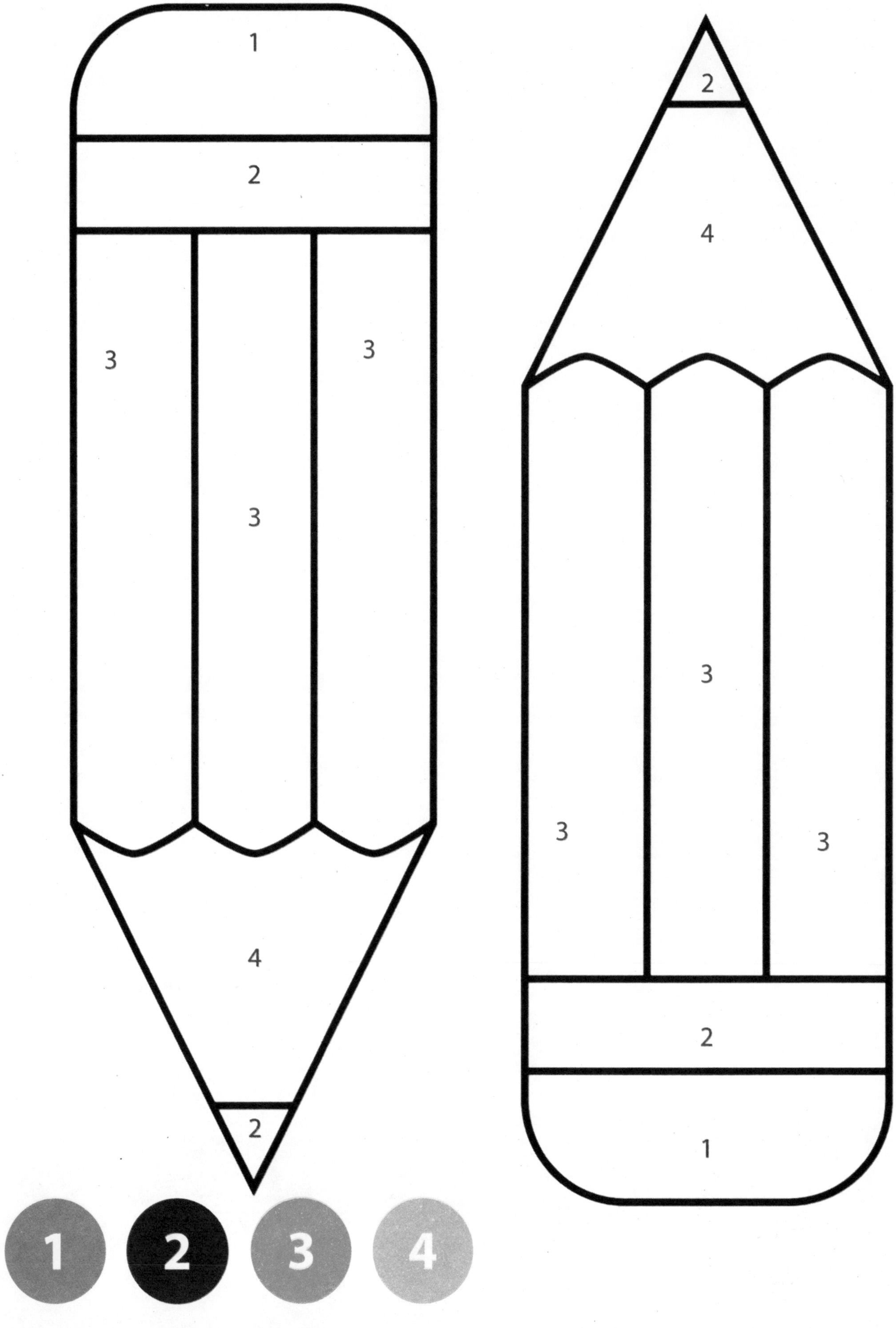
1
2
3
3
3
4
2
2
4
3
3
3
2
1
1
2
3
4

1 2 3 4

3
3
1
1
4
2
3

3
3
1
1
4
2
3

1
2
3
4

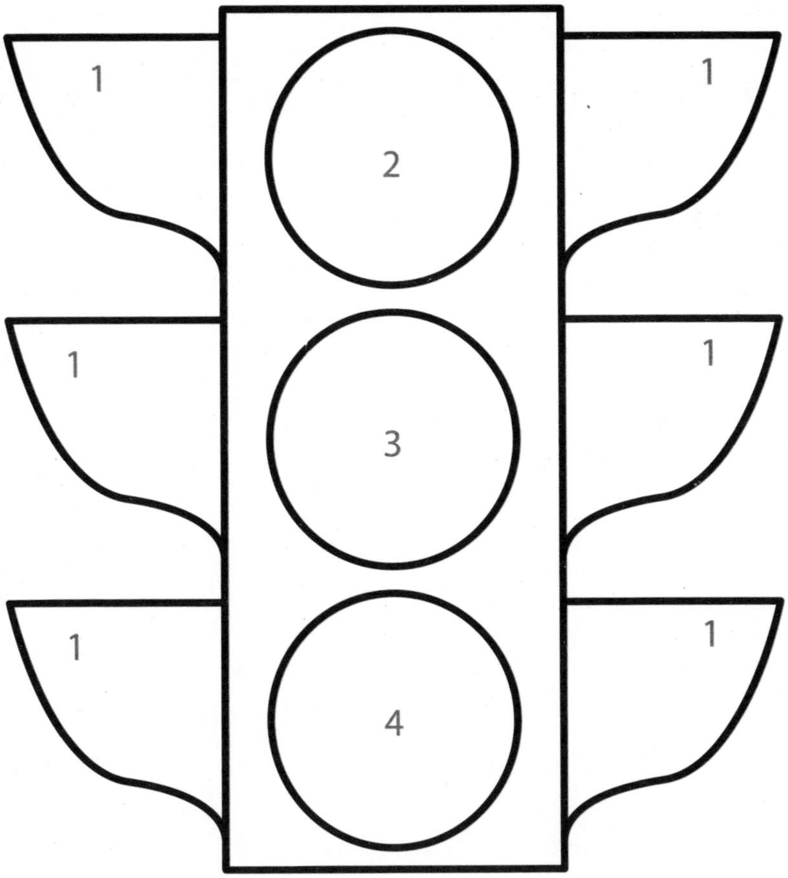
1
1
2
1
1
3
1
1
4

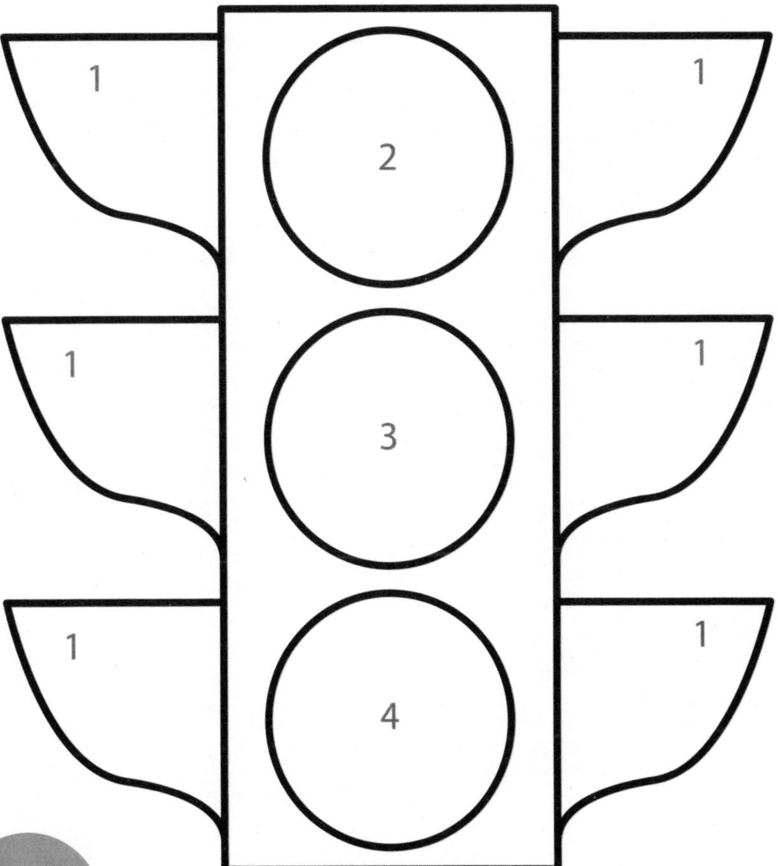
1
1
2
1
1
3
1
1
4

1
2
3
4

1 2 3 4

1
2
3
4

2
5
5
4
2
2
2
3
3
3
3
3
3
1
1
1
3
3
1
1
1
1
1
1
1
1
1
1
1

1
2
3
4
5

1
2
3
4
5

1 2 3 4 5

1 2 3 4 5

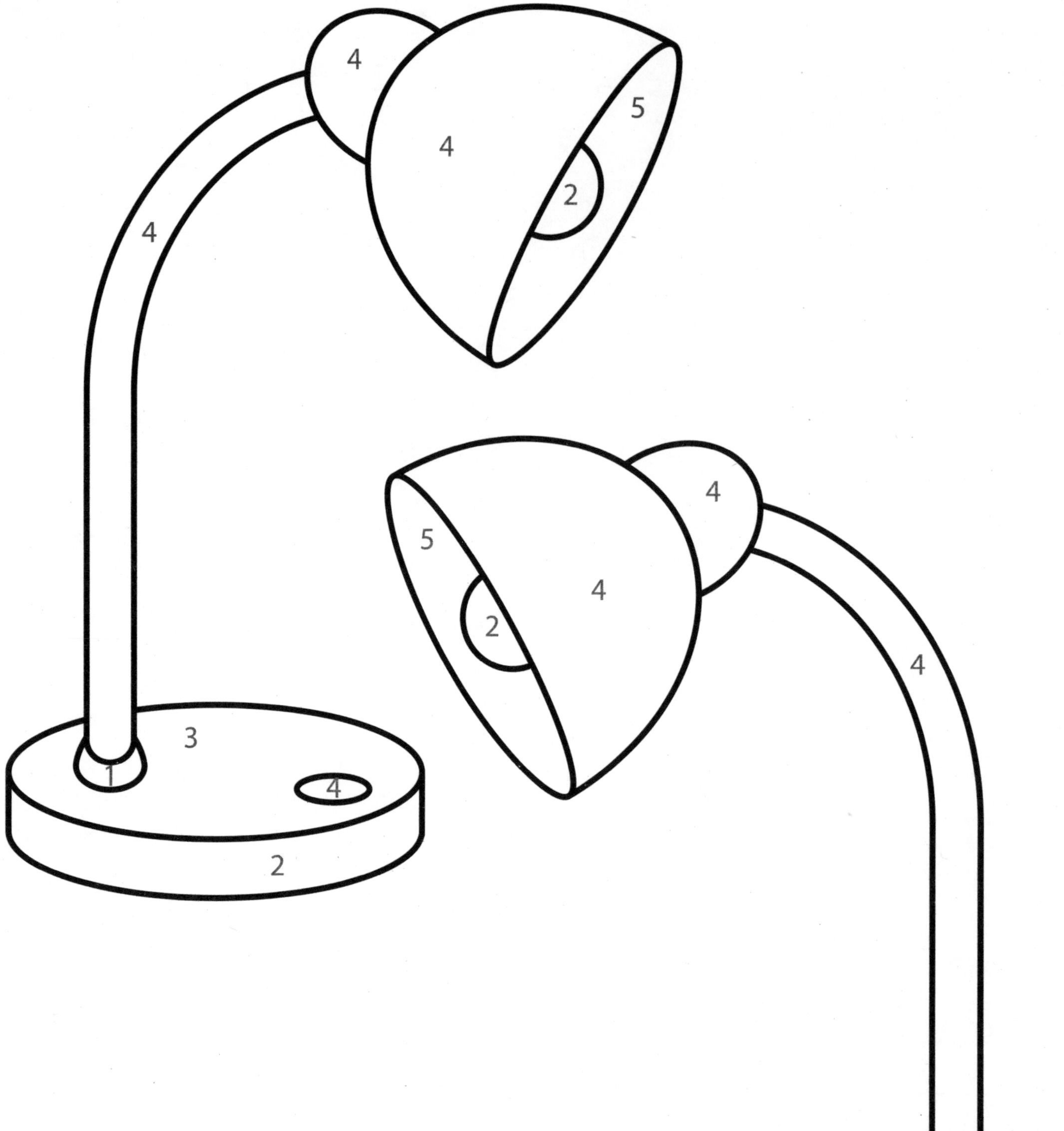
4
5
4
2
4
3
1
4
2
4
5
4
2
4
3
1
4
2

1
2
3
4
5

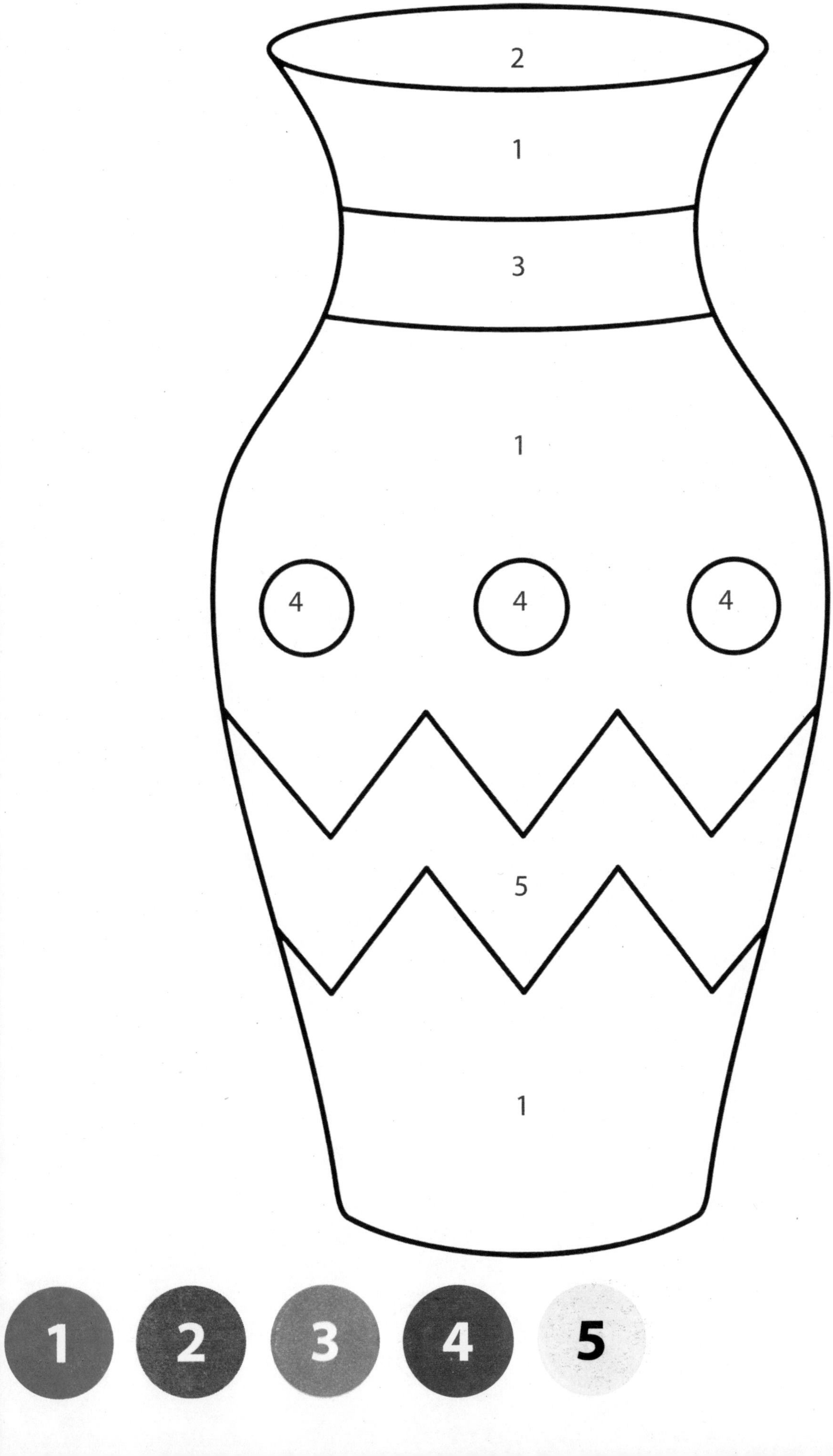
2
1
3
1
4
4
4
5
1
1
2
3
4
5

5
1
5
4
1
1
2
2
1
2
1
3
1
5
2
1
5
2
2
1
2
3
4
5

1
2
3
4
5
1
1
5
4
3
2
1
1
2
3
4
5

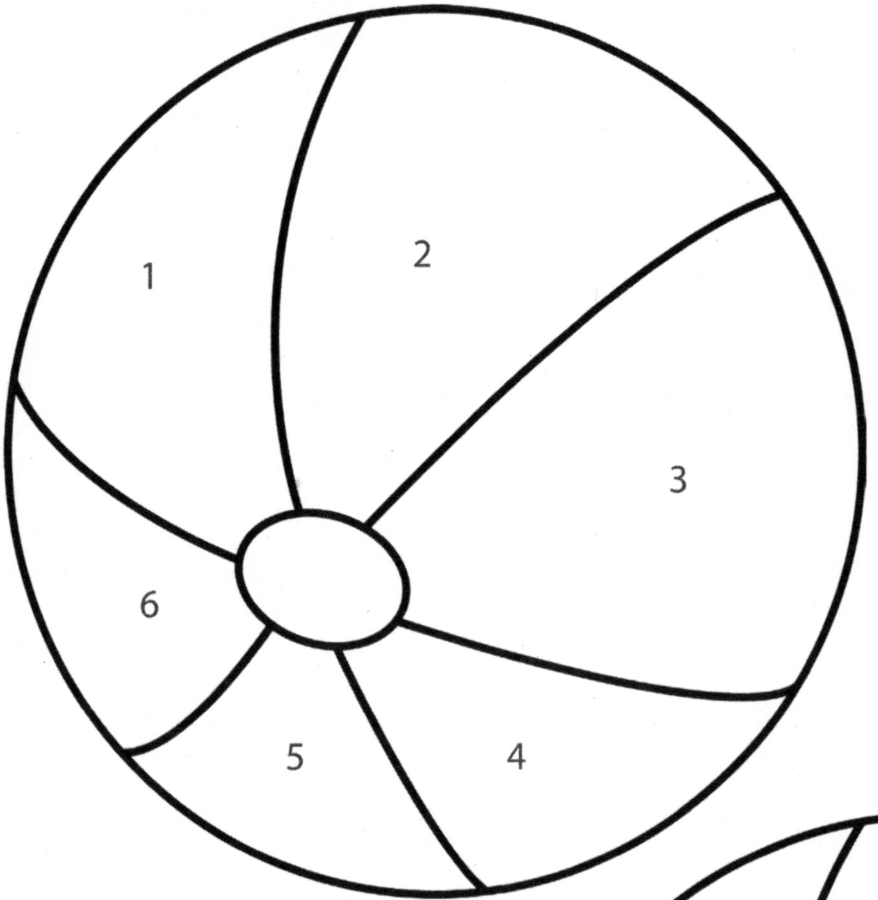
1
2
3
6
5
4

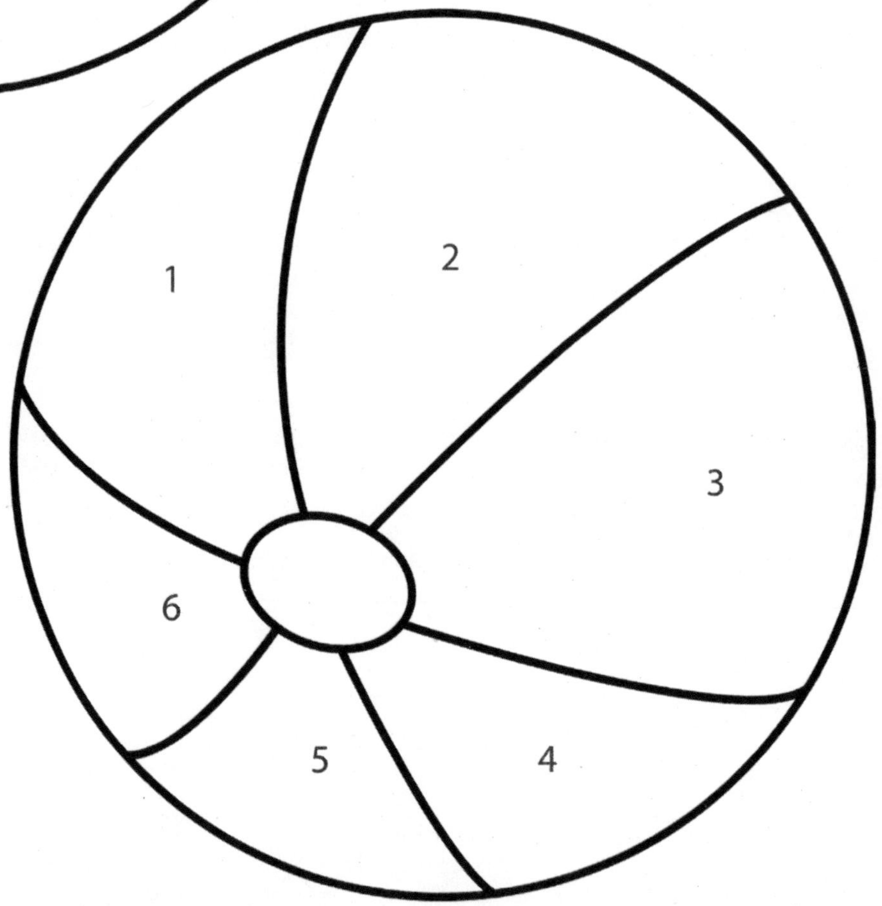
1
2
3
6
5
4

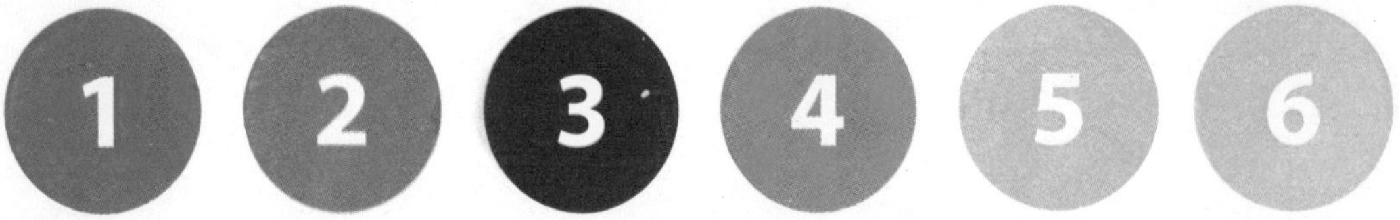
1
2
3
4
5
6

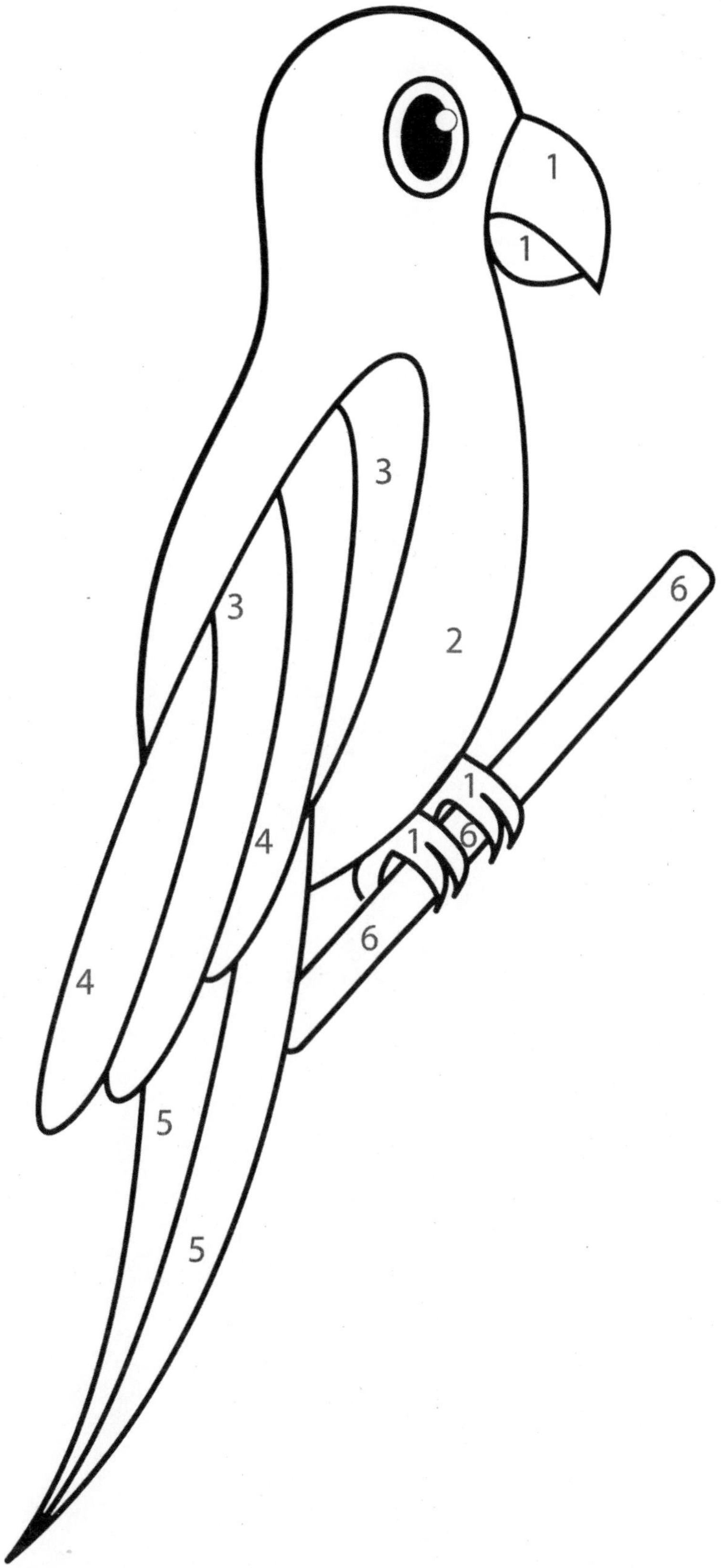
1
1
3
6
3
2
1
1
6
4
6
4
5
5

1
2
3
4
5
6

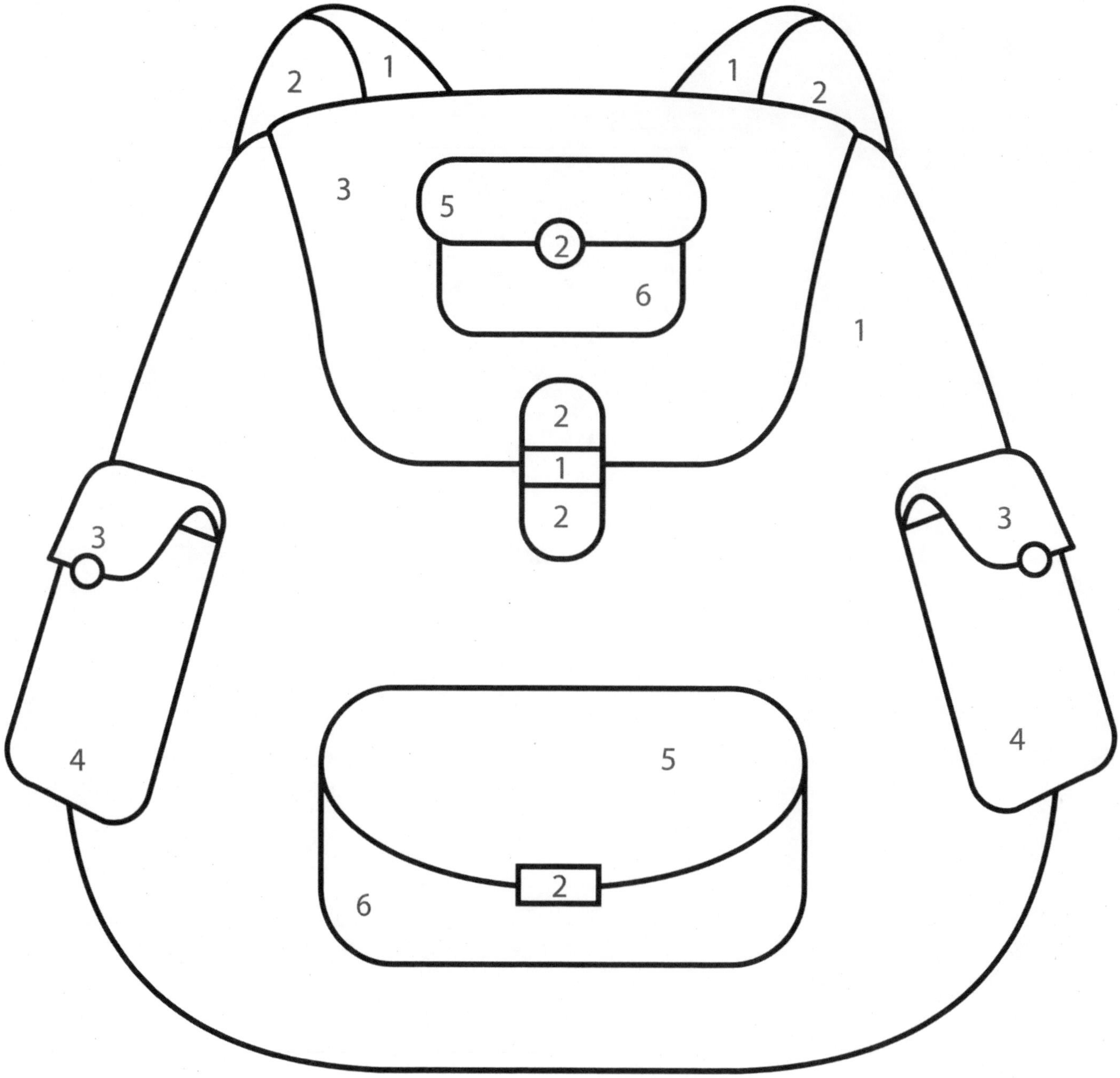
2
1
1
2
3
5
2
6
1
2
1
2
3
3
4
5
4
2
6

1
2
3
4
5
6

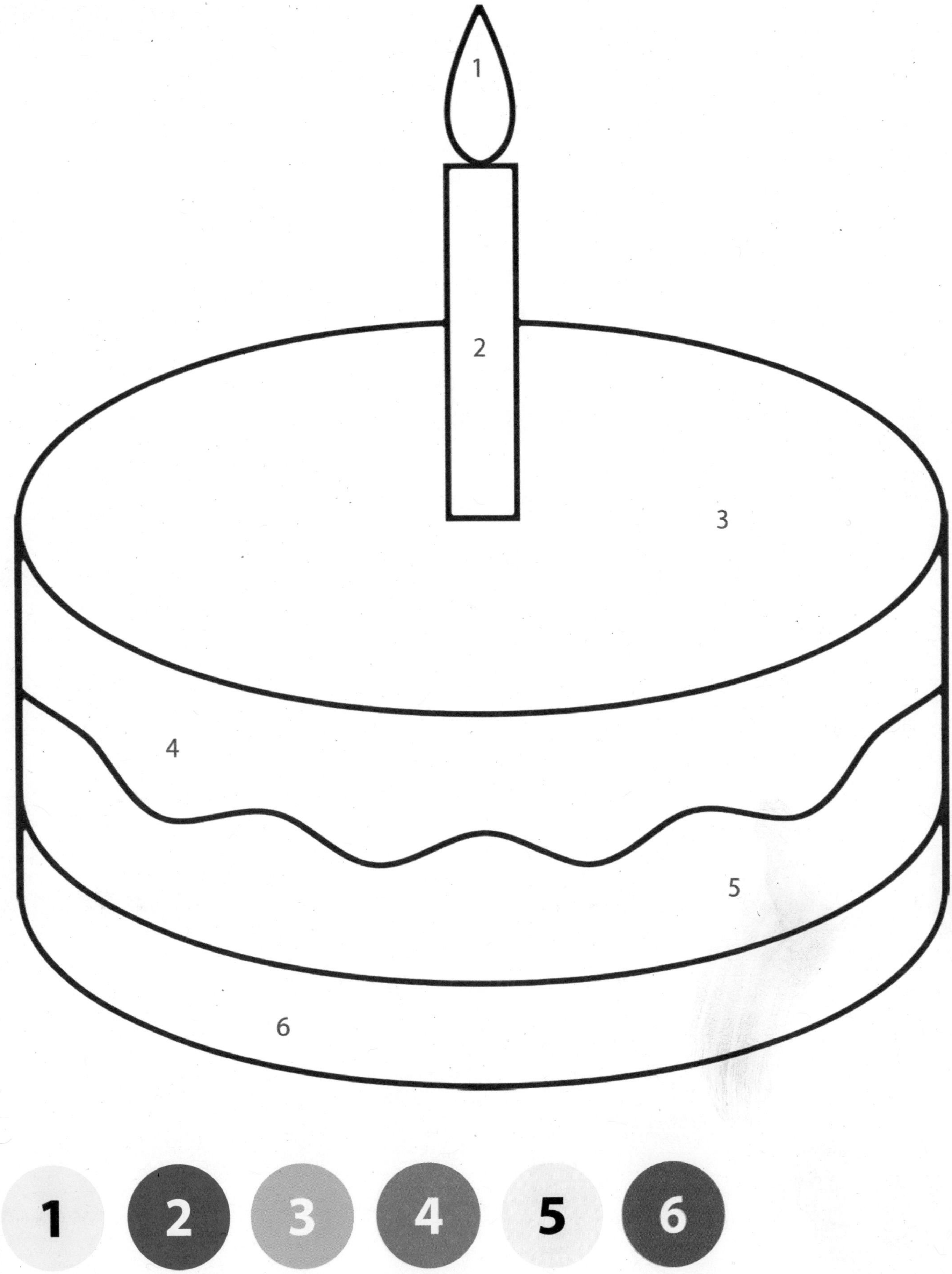
1
2
3
4
5
6
1 2 3 4 5 6

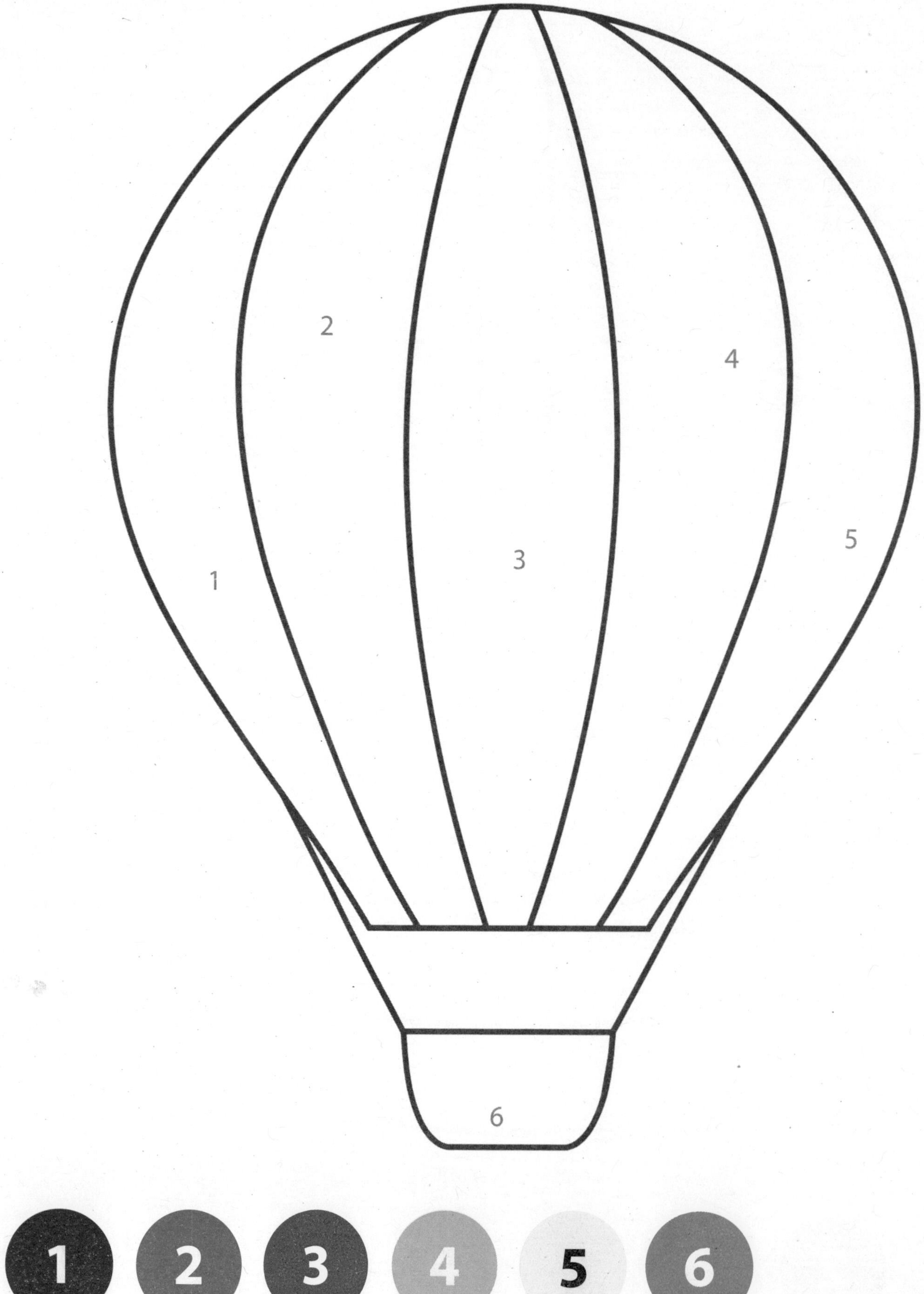
2
4
3
5
1
6
1
2
3
4
5
6

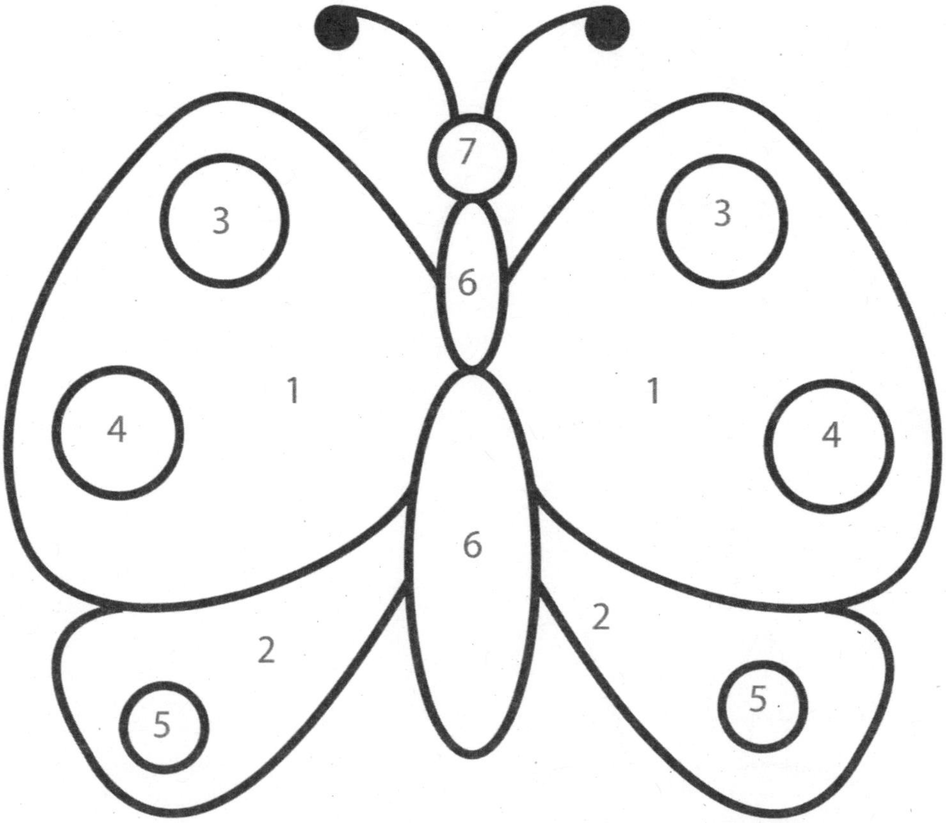
7
3
3
6
1
1
4
4
6
2
2
5
5

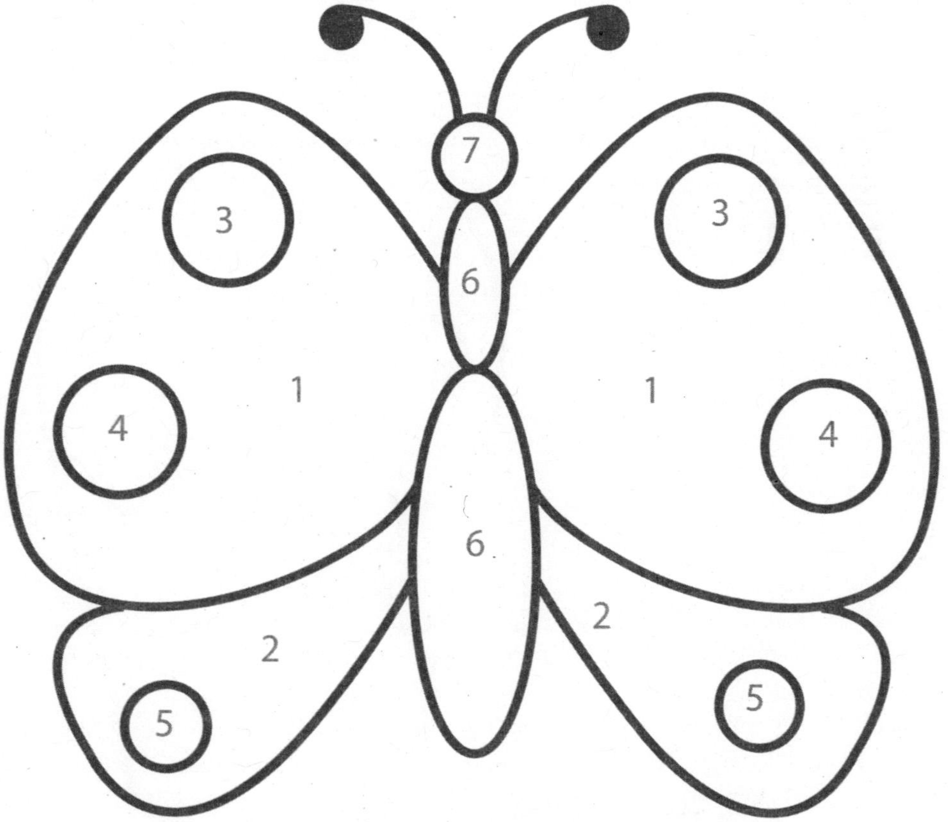
7
3
3
6
1
1
4
4
6
2
2
5
5

1
2
3
4
5
6
7

6
6
6
7
8
8
5
5
7
8
5
4
5
8
4
7
1
7
7
5
8
1
1
1
1
1
2
3
5
3
2
2
2
4
3
1
2
3
4
5
6
7
8

1
2
3
4
5
6
7
8

1 2 3 4 5 6 7 8

1 2 3 4 5 6 7 8

1 2 3 4 5 6 7 8

1 2 3 4 5 6 7 8

1
2
3
4
5
6
7
8

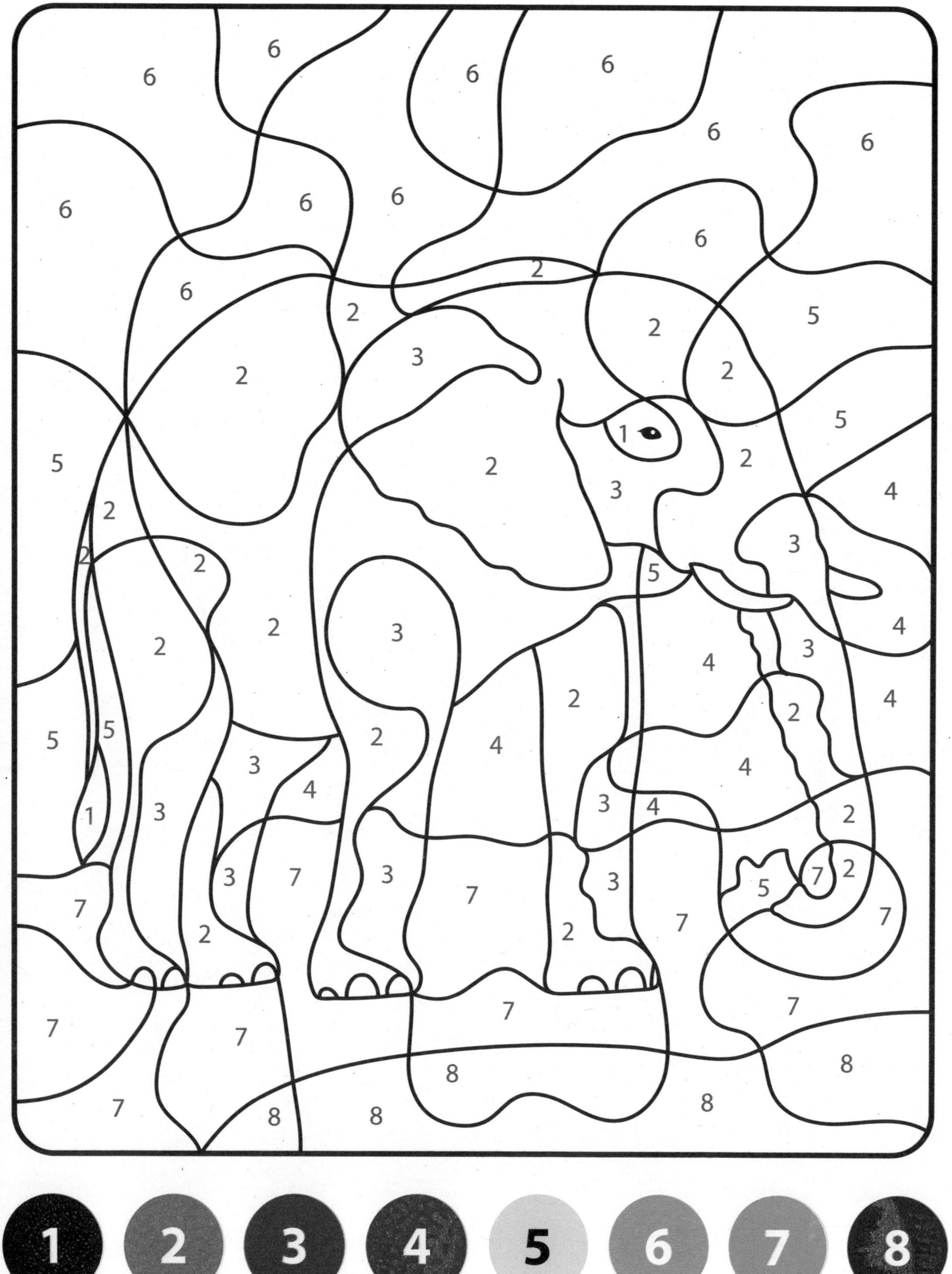
1 2 3 4 5 6 7 8

1
2
3
4
5
6
7
8

1
2
3
4
5
6
7
8

1 2 3 4 5 6 7 8

1 2 3 4 5 6 7 8

1
2
3
4
5
6
7
8

1 2 3 4 5 6 7 8

1 2 3 4 5 6 7 8

1 2 3 4 5 6 7 8

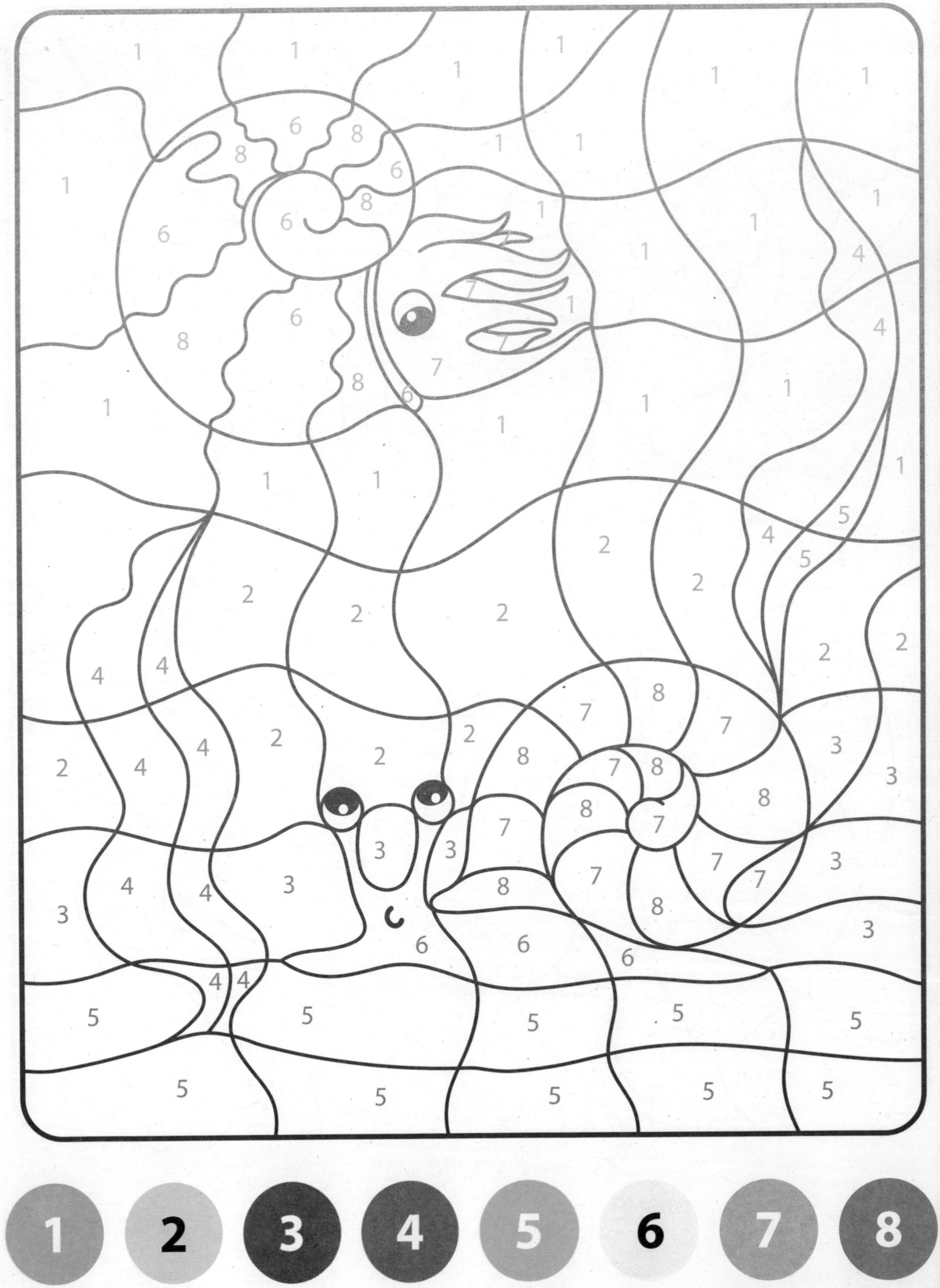
1 2 3 4 5 6 7 8

1 2 3 4 5 6 7 8

1 2 3 4 5 6 7 8

1 2 3 4 5 6 7 8

1 2 3 4 5 6 7 8

1
2
3
4
5
6
7
8

1 2 3 4 5 6 7 8

1 2 3 4 5 6 7 8

1
2
3
4
5
6
7
8

1 2 3 4 5 6 7 8

1 2 3 4 5 6 7 8

1 2 3 4 5 6 7 8

1 2 3 4 5 6 7 8